围棋
定式革命

（日）芝野虎丸 著

苏 甦 译

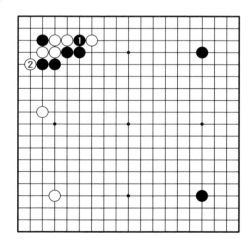

北方联合出版传媒（集团）股份有限公司

辽宁科学技术出版社

JOSEKI KAKUMEI
Toramaru Shibano 2021
Chinese translation rights in simplified characters arranged with The Nihon Ki-in
through Japan UNI Agency, Inc., Tokyo

图书在版编目（CIP）数据

围棋定式革命 /（日）芝野虎丸著；苏甦译. —沈阳：
辽宁科学技术出版社，2024.10
ISBN 978-7-5591-3519-3

Ⅰ. ①围… Ⅱ. ①芝… ②苏… Ⅲ. ①定式（围棋）—
基本知识 Ⅳ. ①G891.3

中国国家版本馆CIP数据核字（2024）第064218号

出版发行：辽宁科学技术出版社
　　　　　（地址：沈阳市和平区十一纬路25号　邮编：110003）
印 刷 者：天津创先河普业印刷有限公司
经 销 者：各地新华书店
幅面尺寸：170mm×240mm
印　　张：14
字　　数：200千字
印　　数：1~4000
出版时间：2024年10月第1版
印刷时间：2024年10月第1次印刷
责任编辑：于天文
封面设计：潘国文
责任校对：韩欣桐

书　　号：ISBN 978-7-5591-3519-3
定　　价：58.00元

联系电话：024-23284740
邮购热线：024-23284502
E-mail:mozi4888@126.com
http://www.lnkj.com.cn

前　言

　　上一本书《围棋布局革命》受到各位读者的支持，本书因此得以出版。在此表示衷心的感谢。

　　前作《围棋布局革命》一书中解释了三连星、中国流等流行布局在2016年AI登场以后淡出人们视野的原因。本书是续作。

　　与前作站在全局高度研究布局战略稍有不同，本书更多的是着眼于具体的棋形，所以取书名为《围棋定式革命》。

　　但是围棋的本质说到底还是"全局判断重于局部判断"，所以即使讲解定式下法，对其进行评价也要有全局视野才行。虽说是定式，也要站在全局角度进行考量才行。

　　围棋正在不断地进化，速度之快连我们职业棋手追赶起来都感觉到了辛苦——更何况是各位爱好者。希望阅读本书能够带给各位读者一些帮助。

芝野虎丸

2022年3月

目　录

第一章　基本定式的变化

第一章的内容将围绕着在AI背景下，曾经的基本定式的新变化展开。

比如回答为人熟知的托退定式"是粘住好，还是虎补好？""小目小飞挂角被夹击，应该如何应对？"等。与AI出现之前一样，这些都成了现在对局中的常型。

另外，令各位爱好者感到头痛的三大复杂定式——大斜、妖刀、大雪崩的最新变化也会在书中进行介绍。

请感受常识的改变。

问题 1

出现第四种下法！

黑1一间夹，白2脱先他投，黑若想在下边继续落子，曾经的常见选点是A位压、B尖顶和C位小飞守角。

最近则出现了第四种下法，就是黑3守角。

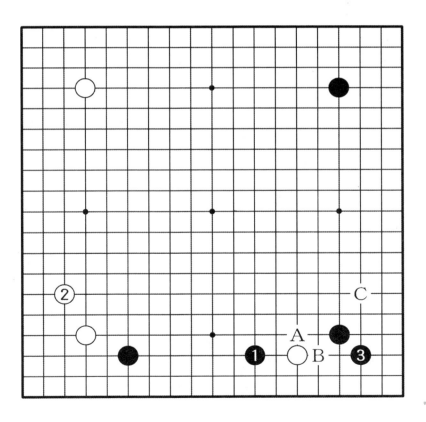

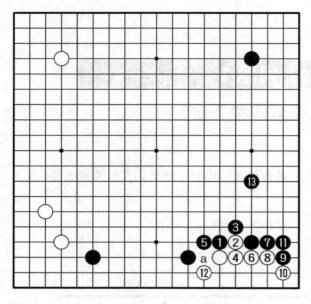

图1

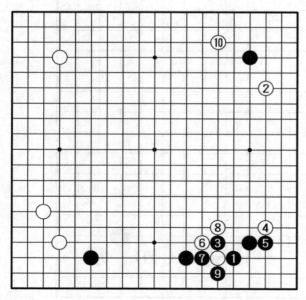

图2

先来看看曾经的常识下法。

图1 黑1压是最常见的手段。白2挖，进行至白12是定式下法，AI的评价是双方可下。

所以黑棋在选择的时候不需要刻意避开这个变化。只是因为最近"不喜欢被对手抢占实地"的倾向，本图成了不被重视的局面。

如果黑1压，白2继续脱先他投，黑会在a位顶补强——这是黑1压的优势。与下图进行对比可以发现差别。

图2 黑1尖顶，此时白脱先是最有利的应对。

因为黑在局部继续落子的话，会在3位虎补。接下来白4、6、8可以将黑棋变成凝形——所以选择黑1尖顶的对局已经越来越少。

黑1、3效率不高，若是黑3和黑7补角，黑无不满。

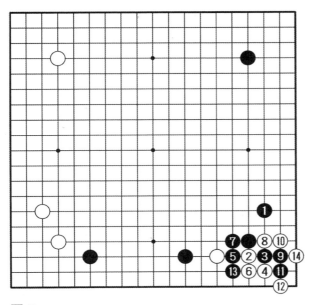

图3

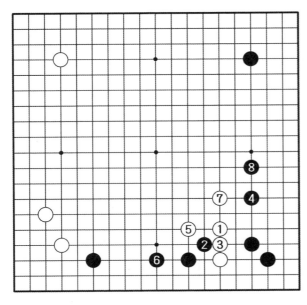

图4

图3 黑1小飞守角也是常见的下法,但现在很多棋手觉得"给白留下了2、4的后续手段",黑不能接受。

进行至白14,局部两分。同样是因为本图角地被白棋抢占,所以黑棋选择敬而远之。

问题图中的黑3占据三三,最重要的目的就是获取角地。

不让白棋如图1和图3那样抢占角上实地,可以说是非常直接的下法了。

图4 若白1跳出头,黑2刺先手交换,黑4在右边拆边。接下来白5、7出头,进行至黑8告一段落。黑棋两边实地都有所得,可以满意。

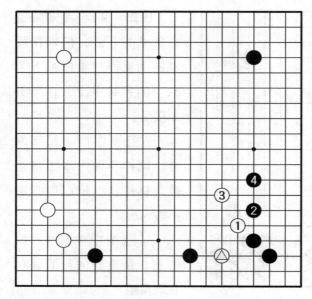

图 5

图5 白1飞压，黑2、4获取右边角地，还是黑可下。

可以这样理解，黑棋非常欢迎白棋动出白△一子。

若白置之不理——

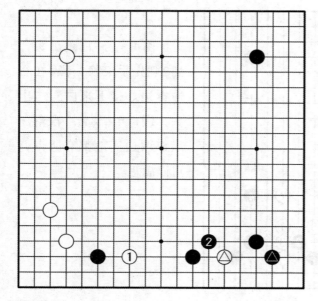

图 6

图6 白1在左下夹击，黑2小尖可以吃掉白△，实地所得极大。

不论白棋动出一子还是脱先他投，黑棋都可以满意。从这一点来看，黑△是绝对的好手。虽然我个人觉得本图还是两分的局面，但明显黑无不满。

那么黑△如果——

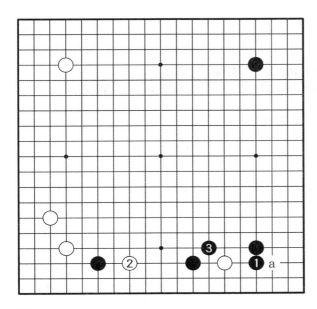

图 7

图 7　黑 1 立是问题手。黑 3 小尖吃掉白一子时，明显是黑 a 所占实地要大于黑 1，同时对右边的影响力更大。

问题 2

大飞守角是第五种选择

上题中介绍了黑A抢占三三是第四种下法。

其实在这个局部中，黑棋还有第五种选择，就是大飞守角。

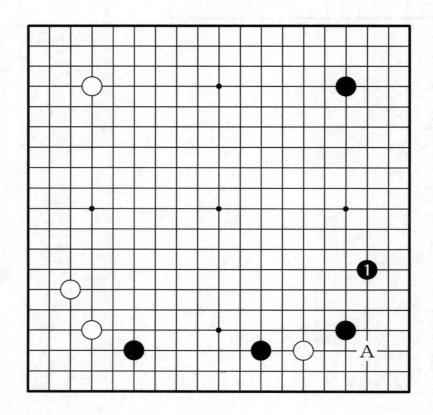

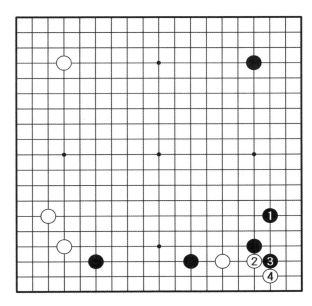

图1

这是上题中的变化——

图1 黑1小飞守角，白2、4可以抢占角地，黑不满。

一定有读者在思考，那问题2中的大飞守角不是给对手留下了更明显的后续手段吗？

确实如此，但是——

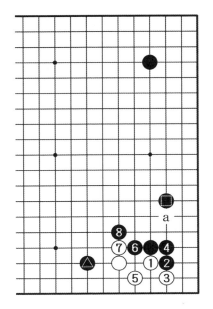

图2

图2 此时白1、3试图进角，黑4粘允许白5虎补局部做活。

接下来黑6长、8扳好点，可以看出这时黑△成为攻击好点，黑▣棋形舒展，明显比a位要好得多。本图黑可战。

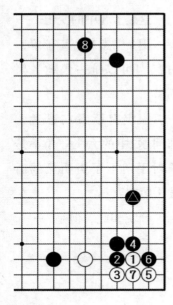

图3

图3　白1点三三，黑2、4退让。进行至白7告一段落。黑▲拆二的棋形明显黑好，此时黑棋获得先手，黑8抢占上边大场。黑无不满。

假如黑▲直接在黑8抢占大场，则白有双飞燕等其他手段。形成本图之后，等于黑棋先手化解了其他可能。可以理解为黑先手利。

那么黑4如果——

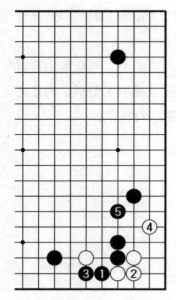

图4

图4　黑1（图3中的黑4）也可以选择分断。

白2、4就地做活，黑5小尖封锁，外围棋形厚实。但是本图黑棋落了后手，一般情况下图3还是首选。

那么图3中的白3如果——

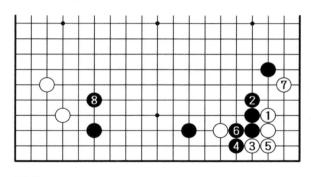

图 5

图5 白1爬、黑2长交换，白3至7后手做活。

黑8可以先手抢占大场，黑可下。本图我会选择黑棋。

若白棋不在下边落子——

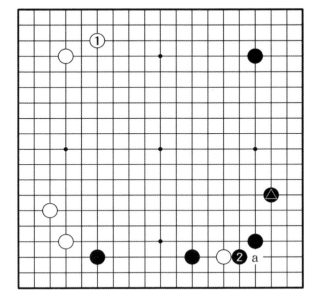

图 6

图6 白1在上边占据大场，黑2尖顶或者a位守角价值极大。此时黑△大飞守角明显成了对黑棋有利的选点。

总结一下，黑棋大飞守角的优势：

• 白棋即使立即局部落子，至少也是双方可下的局面。

• 可以先手化解白双飞燕等手段。

• 在局部连续落子的话，棋形要好于小飞守角。

17

问题 3

虎补减少的理由

黑1、3是众人熟知的托退定式，最近白在A位粘应对成为主流下法。一起来研究一下白4虎补减少的理由吧。

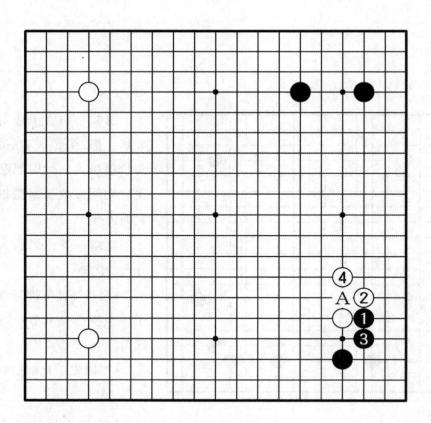

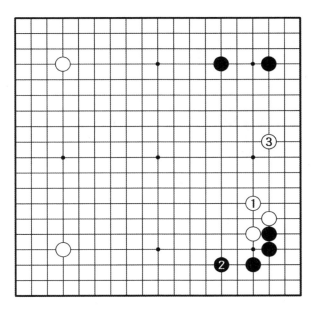

图1

图2

面对托退，现在的应对是——

图1 白1粘，黑2跳，白3高拆三是主流定形。

本图双方两分，那么白1如果虎补——

图2 为什么虎补的下法被抛弃了呢？

黑2跳，白3明显拆得更远了。但此时的关键是，黑2可以——

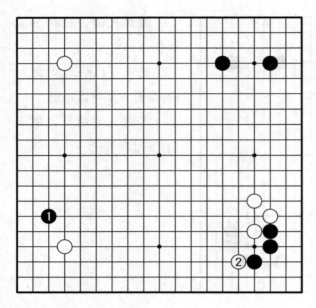

图 3

图3　黑1可以抢占其他大场。黑棋既然脱先，白2靠明显价值巨大——

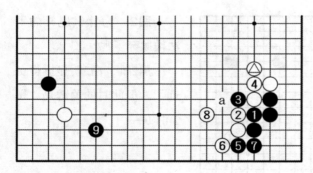

图 4

图4　黑1、3团断，此时白△虎补的弱点就暴露出来了。

黑5、7扳粘补角，白8跳，此时黑还有a位动出一子的后续手段，对于白棋来说负担不小。

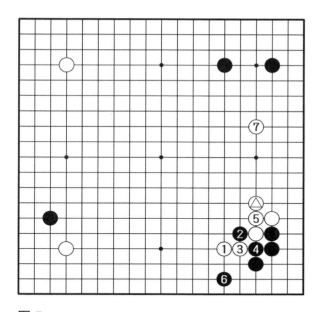

图 5

图 5 白1小飞如何呢?

黑2、4先手交换之后,黑6小飞出头。白7抢占右边大场。这样是两分局面。

白△虎补并不是问题手,关键在于选择本图的必然性。想要坚实地补强,图1还是首选。

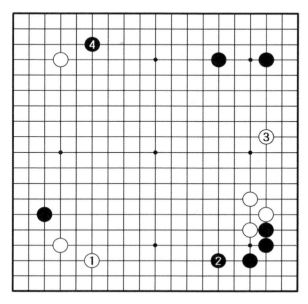

图 6

图 6 若白1小飞守角,黑2在右下跳出。

可以看出此时白1被黑2限制住了下边发展的可能。虽然在棋盘的右半边棋形舒展,可以忍受下边的不利,但因此不满白棋的棋手似乎更多。

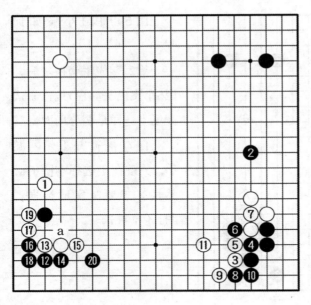

图 7

如果对图 6 的白 1 不满——

图7 白1夹击是不是可以呢？此时黑2立即在右边夹击。

白3至11补强棋形，接下来黑12点三三时机绝好，白不满。

白13若在14位挡，黑13位爬，白a长，下边白棋的模样过于空旷。

总结起来就是虎补的棋形给对手带来的影响不大。

所以——

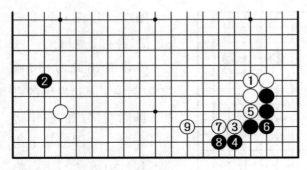

图 8

图8 白1粘，不给黑棋脱先的机会。

如果黑2脱先，进行至白9，白棋外围厚实可以满意。

问题 4

消失的后续手段探究

白1至5的定式如今仍然频繁出现在对局中。

以前黑6托是常见的后续手段，最近数年已经难觅踪迹。

一起来思考一下其中的缘由吧。

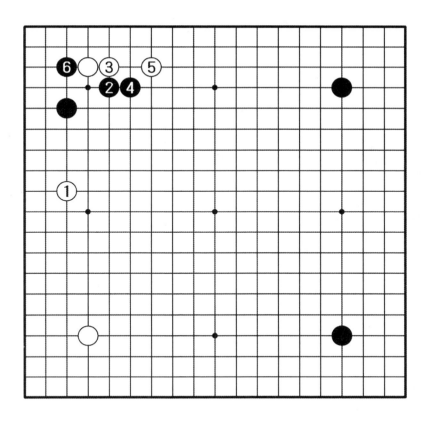

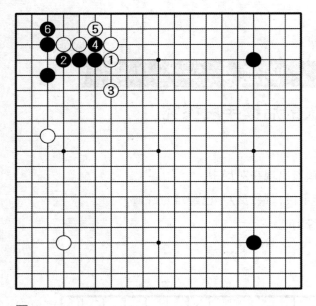

图1

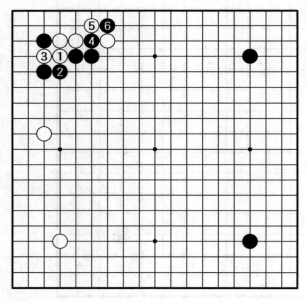

图2

首先要解决"问题图中的黑6有什么不满",先来看看已有的变化。

图1 白1压,黑2连回,白3跳,黑4、6获取角地。

接下来白棋获得先手抢占大场。进行至黑6的定形一度十分流行。

能够流行的下法,必然是在这个局部中黑白双方的棋形都有相当数量的支持者。

但是AI给出了惊人的变化,这直接导致了定式的彻底消失,后续将进行详细说明。

在此之前,先来讲讲其他已有的变化。

此时白选择图1以外的变化——

图2 白1、3冲断,黑4、6气合在外围分断。

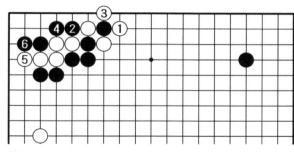

图 3

图3　白1打吃，黑2、4、6可以吃掉白四子——

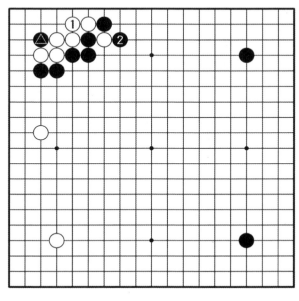

图 4

图4　白1粘正解，黑2征吃。黑棋征子有利是黑▲托成立的先决条件。

接下来——

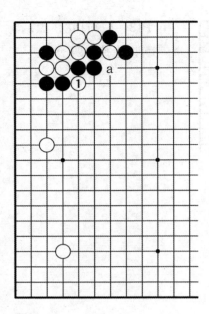

图5

图5　白1断，接下来瞄着a位逃出一子。

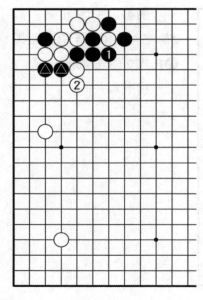

图6

图6　黑1提是第一感觉，但此时白2长，黑▲两子很难处理。

所以——

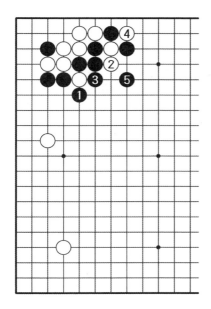

图 7

图7　黑1打吃好手。白2逃出一子、4断吃，此时黑5夹外围厚实，黑好。

AI出现之前，如果图4的征子白棋不利，白棋就不会选择图2中白1、3的下法。

但是AI给出了不同的选择——

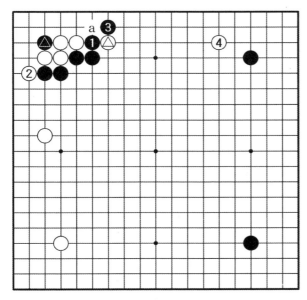

图 8

图8　黑1冲，白不在a位挡而是在2位扳。白棋的思路是"黑3扳，白4可以获得先手抢占其他大场，白好"。让黑3分断感觉很难接受，但AI给出了明显白好的惊人胜率。

我们来尝试解读一下AI的思路，因为与黑△一子有关。黑△已经被吃，但白外围△一子还有活力，这应该是认为白好的原因。

即使黑棋外围再厚实，图8也不如图7，所以白好。

问题 5

如今的大斜定式①

面对白1夹击，现在最流行的应对方法是黑A飞压。以往比较常见的是黑2大斜。

让我们来研究一下这个有着"大斜千变"美誉的著名复杂定式如今落子的思路。

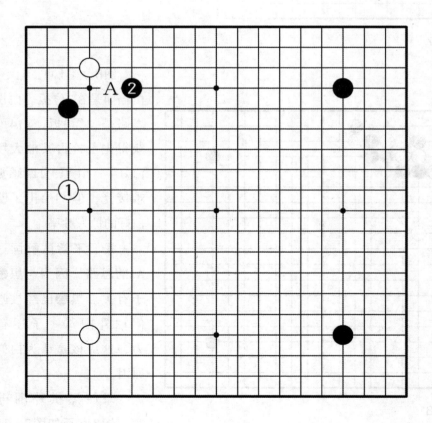

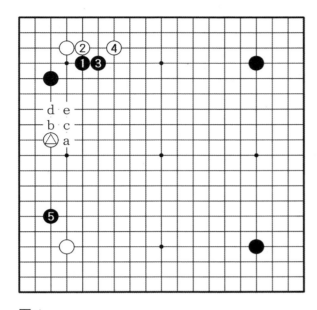

图 1

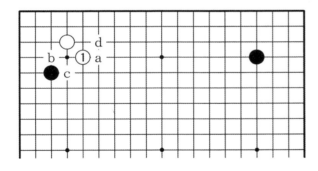

图 2

图1 不仅是白△三间低夹，白若在a至e位夹击，黑1飞压也是AI登场以后明确的有利下法。

白2、4交换之后，黑获得先手抢占黑5等大场。AI的思路是"黑1至白4先手利，这样左上的黑棋不会遭到猛烈攻击"。

近年来小目面对小飞挂角时大都不会选择夹击，而是——

图2 白1小尖，a位小飞，或者白b尖顶，黑c长，白d跳的下法非常流行。

关于这一局部的变化，在前作《围棋布局革命》中有详细讲解。

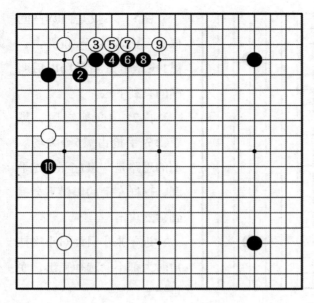

图3

面对白棋夹击，黑棋飞压是流行下法。我也在思考，那么大斜定式就一定要被否定吗？

图3 白1尖顶、3扳出头，黑4长进行至白9告一段落，黑10夹击。

和图1相比，右上的黑棋形得以加强，黑无不满。

那么白棋如果——

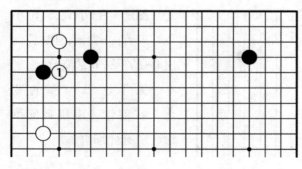

图4

图4 白1压反击。关于这手棋的后续变化研究近年来在不断进步。

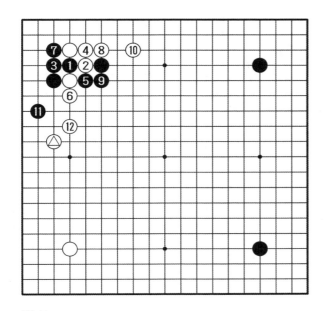

图 5

图5　黑1、3挖粘，5断是以前就有的变化。

但是在白△有子的情况下，白12好形，对于本图曾经的评价是黑稍有不满，但现在的解读出现了变化。

再介绍一个黑棋的下法。黑5可以——

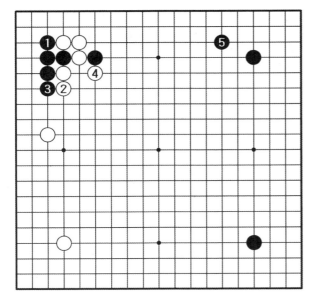

图 6

图6　黑1直接进角，白2、4补强，黑获得先手抢占上边大场。

黑3也可以在4位长，但白3位拐反击的后续变化非常复杂，还是推荐本图的定形方法。

冷静分析之后，本图是白稍好的结果。

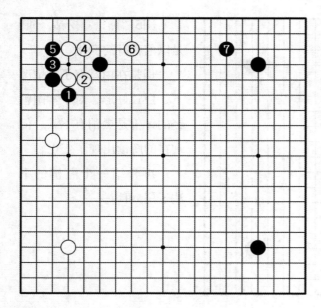

图 7

面对白压，黑不选择挖粘，而是——

图7 黑1扳是最近主流的下法。白2长，黑3进角。黑棋可以先手获得角地，明显可以满意。

那么白4如果——

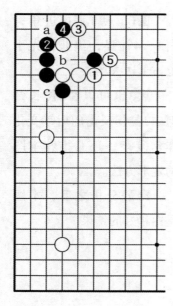

图 8

图8 白1压同样是现在流行的应对。黑2进角，白3小尖是棋形好点。黑4挤（此时若白a打吃，黑b冲），白5扳，本图是最近局部出现最多的变化，白留有a位断的后续手段。

总结，大斜绝对不是问题手。

飞压确实是流行下法，此时图7、图8也是黑棋有利的局面。

问题 6

如今的大斜定式②

上题中讲到了三间夹时选择大斜定式。

现在来看看没有夹击，直接大斜的变化。

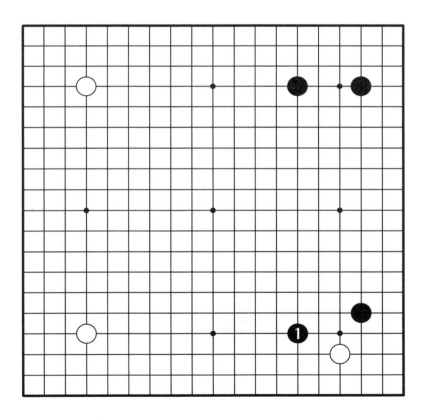

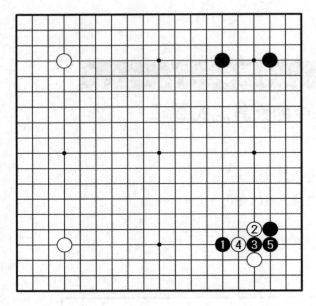

图1

图1 大斜定式有"大斜千变"的美誉，黑1是象征着复杂定式的下法。如今即使是在没有夹击的情况下也很难在对局中见到了。

先来看看以前的定式。

白2压，黑3、5挖粘是经典下法。

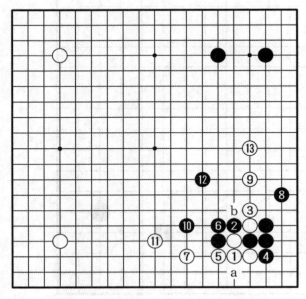

图2

图2 白1粘，黑2断吃，白3长开始战斗是最常见的变化。

白5也可以下在a位，黑6压，后续变化非常复杂，这里按下不表。

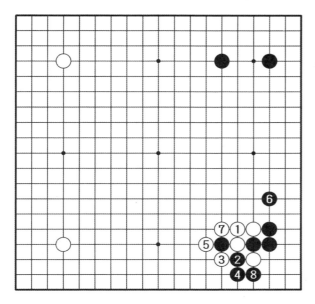

图 3

图3 白1在上边粘，黑2至8是简明定式，本图黑棋角地所得很大。

对付黑棋大斜，白棋可以——

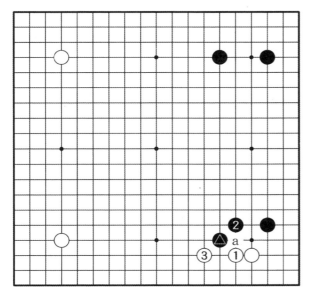

图 4

图4 白1并、3跳出头，本图如今认为是黑好。

黑▲若下在a位，白1挡，黑▲长，白3跳是定式，相比之下黑2的位置要明显好于黑a。

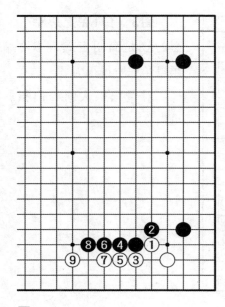

图5 白1尖顶、3扳也是定式下法，但进行至黑8，黑棋外势厚实，本图黑无不满。

以上介绍的变化图都是两分或者黑稍好。相信有读者会感觉"这样说来，大斜定式是好手啊？"，确实如此，如果按照图2至图5的进程，大斜确实是有利的下法。

但是大斜定式有唯一的缺点，正是因此导致了大斜的淡出。

这个缺点就是给对手的威胁不大。

也就是——

图 5

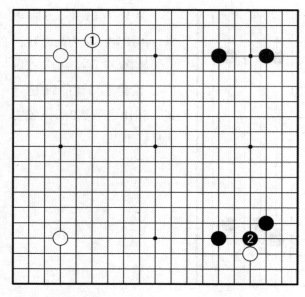

图6 白棋脱先是否会招致严重后果呢？如本图白1在左上守角。

黑2在局部连走两手——

图 6

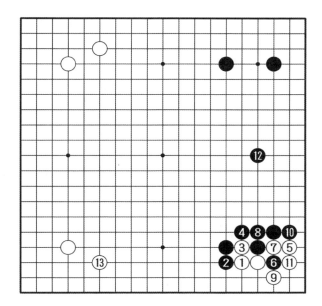

图 7

图7 白1动出，进行至白11还是可以轻松做活。

黑6如果——

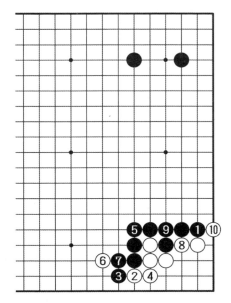

图 8

图8 黑1直接挡，白2、4扳粘，进行至白10，角上实地可观。

可以看到即使黑棋在局部连下，白不仅可以做活，还能获得不小的实地。

而且白棋可以继续脱先——

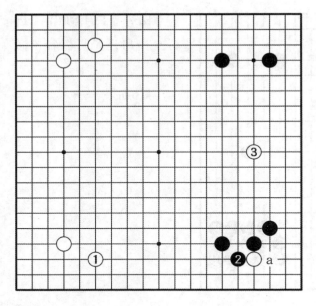

图 9

图9 白1继续脱先也是有利的下法。黑2虎，白3分投占据大场。

右上角附近只要有了白子，白棋还有a位的余味（即使不能做活，也可以通过借用获得利益），白棋可以满意。

所以面对大斜，脱先是最有利的应对。因为无法给对手的棋子施加影响，所以大斜是问题手。

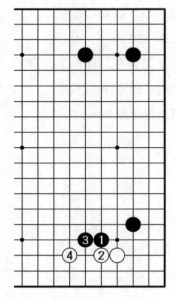

图 10

图10 黑1飞压是强有力的下法，这也是大斜淡出的原因之一。

白2、4交换之后，黑棋先手得利。因此没有必要选择复杂的大斜定式。

问题 7

如今的雪崩定式

上题讲解了大斜定式，现在来看看同样是复杂定式的雪崩。

黑1托，白2顶、4扳形成雪崩定式，最近同样已经很难在对局中看到。

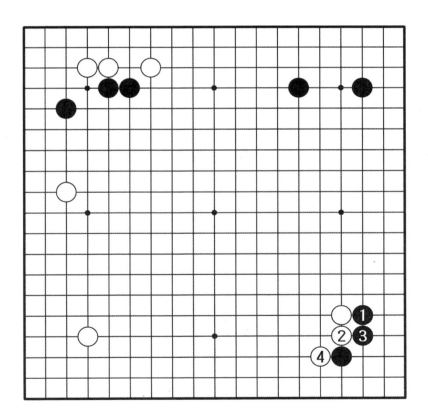

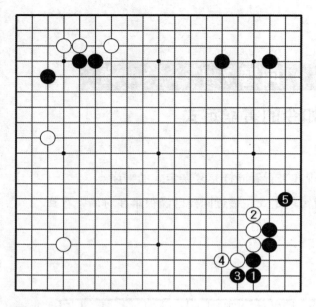

图1

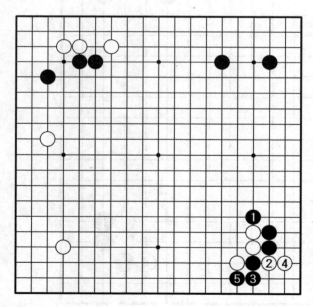

图2

导致雪崩定式淡出的原因是什么呢？重点是——

图1　黑1立是此时的好手。

白2长，黑3拐，白4长，黑5小飞简明定形。现在喜好实地的倾向下，本图黑棋获得巨大角地，黑好。

以前说到雪崩定式，都会提到局部变化非常复杂。现在黑1至5的下法，黑棋完全不需要担心。

因为有了简明的定形方法，所以如今雪崩定式已经几乎无人问津。

面对雪崩型，黑还有1位立以外的应对可以选择。

图2　黑1扳被称为"小雪崩"，白2、4，黑5是必然的进行。

但是黑1扳成立有个先决条件——

黑5之后——

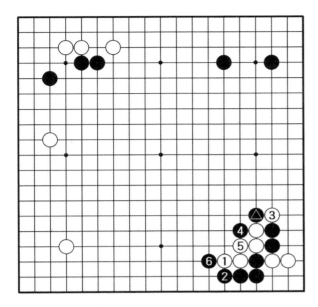

图 3

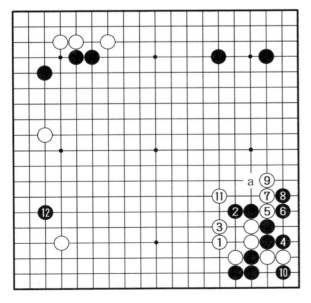

图 4

图3 白1长、3断。此时黑4、6可以征吃白棋。

如果征子黑棋不利，那么黑▲就不成立。在选择定式之前一定要做好判断。

本图的棋子配置黑6征吃成立，白1会选择——

图4 白1虎补。

黑2至白11是经典定式，黑还留有a位逃出的后续手段，所以本图黑无不满。黑12获得先手抢占大场。

所以小雪崩在黑棋征子有利的情况下黑好，这也是白棋不选择雪崩型的原因之一。

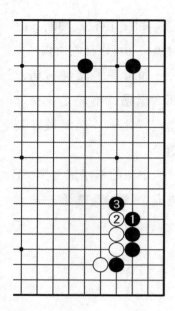

图5　黑1长、3扳是大雪崩的棋形。

举例说明——

图 5

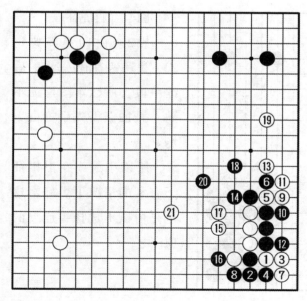

　　图6　大雪崩是经典的大型复杂定式，变化繁多。白1至21的定形只是其中之一。

　　现在图5中的白2会改变下法——

图 6

图7 白1打吃、3拆边简明定形。这样一来黑△一子的位置不佳（如果在a位最满意），所以白无不满。

总结下来图1、图4是白稍不满的局面，所以减少了选择雪崩定式的次数，因为图7的变化，大雪崩定式就此淡出。

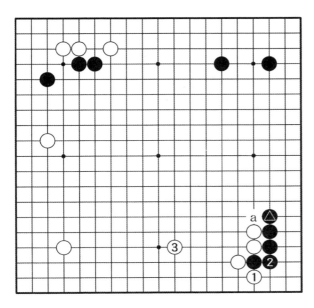

图 7

重视中腹布局的对策①

各位读者，你们的棋友中有喜欢第一手下在天元或者五·五、超高目的人吗？

高位落子的思路自然是志在发展中腹模样。如果贸然侵入会招致严厉的攻击。在这里我想给大家讲授一些针对此布局的行棋对策。

想要做好心理建设，重点是不要看到对手的模样就变得急躁。招致严重后果的原因就是看到对手（黑）的模样，就想要马上打入。让我们先从调整思路开始做起。

模样的扩张并不容易，如果将自身在棋盘各处所得的实地整合起来也可以获得胜利。带着这样的心态，一起来思考对策吧。

问题图　黑1"五·五"占角，进行至黑5守角。

先从结论来说，白棋不用过度关注右上的一间跳。此时不用马上在右上落子，而是要把目光放在右下的目外上。

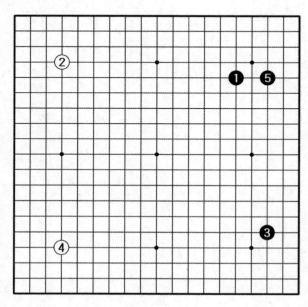

问题图

图1 白1三三进角是对付目外最好的手段，黑2飞压，白3尖，进行至白9获取角地，白可以满意。

接下来黑a拆边，白b抢占下边好点。可以看出黑棋子过于偏重右边，而白棋在下边、左下角和左上角都有棋子，本图是双方可下，白棋稍好的局面。

黑a在右边拆边之后，白棋不用思考在右边打入的问题。

黑若放弃a位，而选择在下边c位封锁，白d分投可以破坏黑棋模样。右下角已经是白棋实地，棋形完整。

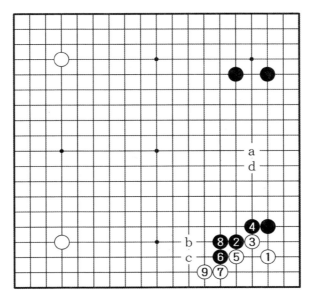

图 1

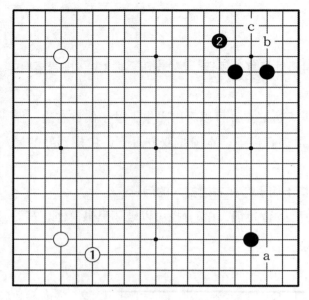

图2

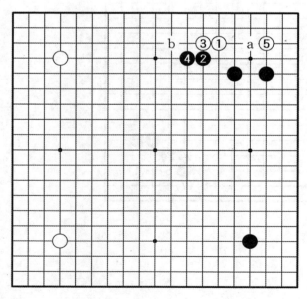

图3

图2　右下角黑棋若是星位占角，则白a点三三好点。这与黑棋目外占角时的思路相同。

白1小飞守角也是一策，但此时黑2守角，三手棋的效率不低（白b、黑c即可），黑可以满意。

图3　此时白1挂角有力，黑2飞压，白3、5获取角地。黑2若在a位守角，白b拆二棋形舒畅。

问题 8

如今的妖刀定式

黑1二间高夹，白2大飞，本图是被称为"村正妖刀"的定式，与大斜、大雪崩并称为三大复杂定式。

妖刀定式在AI登场以后同样不可避免地开始简单化。

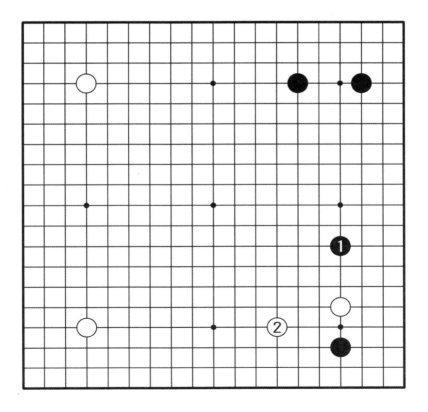

围棋定式革命

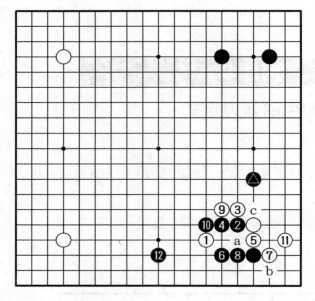

图 1

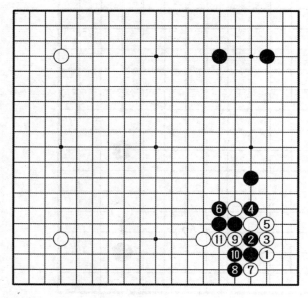

图 2

图1 面对黑△二间高夹，若白8位靠，黑5位顶，白a，黑2位断变化复杂，与白1大飞的变化难度不相伯仲。自日本昭和时代以来都是以黑2至12定形。

白11若在b位立，黑c断是与征子有关的复杂形，这里按下不表。

白5不顶的话——

图2 白1扳是后来研发出的下法，同样是有利的手段。

黑2至白11之后——

48

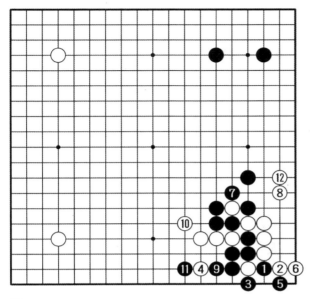

图 3

图3 黑1、3吃掉白一子，进行至白12告一段落。

本图包含了大量复杂变化，双方可下，是一段时间内相当流行的变化。

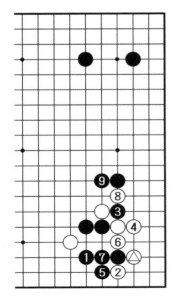

图 4

图4 面对白△，黑1也是一种选择。

白2扳，黑3断，白4立，黑5虎次序井然，进行至黑9是局部经典变化。

这是面对白△单靠的各种应对方法中AI给出的简明下法。

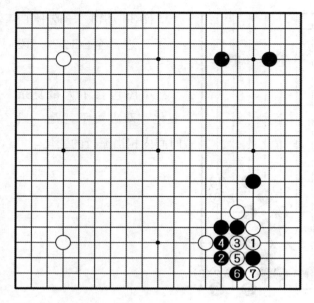

图 5

图5　此时白还会1位挡，黑2跳交换。接下来白3、5冲断黑一子。这是看起来有俗手意味的下法，AI认为这是白好的下法。

接下来——

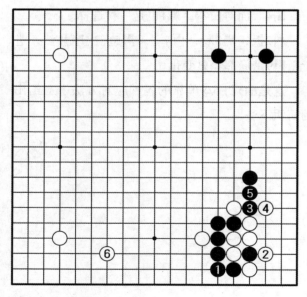

图 6

图6　黑1粘，白2提，黑3断，白4扳，黑5粘告一段落。AI认为白棋先手获得右下角巨大实地，白6抢占大场，白好。

一直以来人类棋手都认为黑棋的外势可观，但AI选择了此时的白棋，并且获得了胜利。人类也不得不承认本图是白棋优势的结论。

因为图5中白3、5是简明定形的好手，所以图1中黑2、4压长的手段淡出了人们的视野。如今的下法是——

图7 黑1、3托退是有利手段。

白4粘，黑5、白6交换，黑7获得先手在上边拆二。黑棋在行棋速度上占据上风，获得实地的同时又抢占了上边的大场。

总结一下，问题图中的黑1夹击、白2大飞仍然可下。

但是对于黑靠压的下法逐渐被抛弃（图5、图6的评价转变）。所以现在是黑棋需要思考对策的局面。

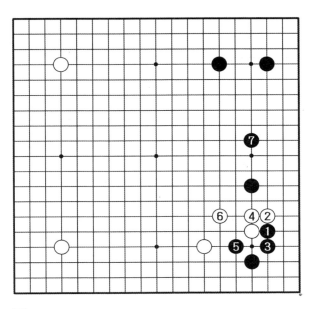

图 7

问题 9

低夹有利的证明

上题说到黑A二间高夹仍然可下，但是如今黑1低夹更为流行。
接下来研究一下其中缘由以及后续变化。

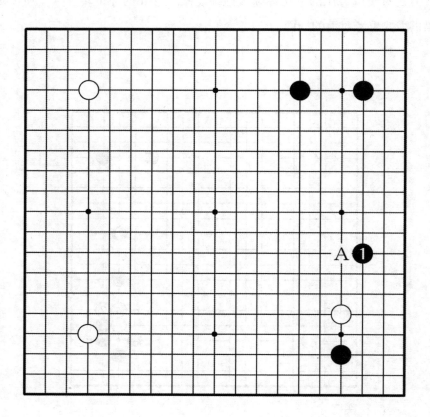

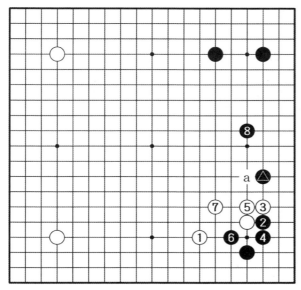

图1

面对黑棋低夹，白棋有几种应对方法。首先——

图1 先从白1大飞开始。与黑棋二间高夹的情况相同，白1是有利的下法。

黑2、4托退。黑5粘，此时黑▲的位置要优于a位。

黑6、白7交换之后，黑8在右边拆边（黑▲与a位相比，51页图7棋形更安定）。本图黑可以满意。

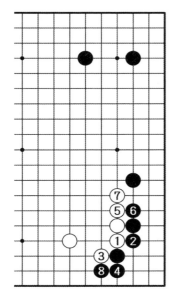

图2

图2 白1、3选择雪崩形，黑4立。

白5、7，黑8拐实地极大，本图仍是黑好。

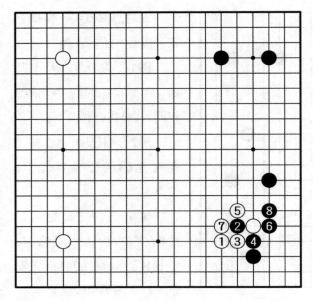

图3

图3 若白1小飞，黑2靠、4断应对。

白5打吃，黑6、8获取实地。

白5如果——

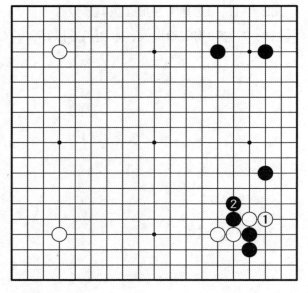

图4

图4 白1立，黑2长形成战斗局面——

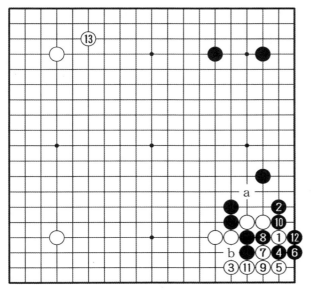

图 5

图5 白1小尖，瞄着a位出头的后续手段。黑2小飞补强，白3跳封锁。

黑4靠，白5夹意在弃子。黑12提，白棋获得先手，白13抢占大场。如今这已经成为定式一样的局面。

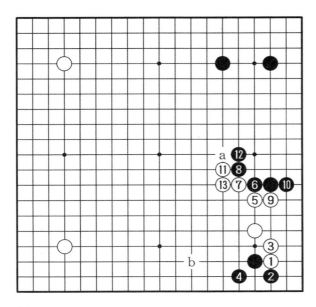

图 6

图6 白1、3托退也是局部选择之一。黑4虎，白5肩冲，黑6至12在上边形成模样，白13整形成功。

接下来黑会选择a位拐或者b位拆边，本图是两分的局面。

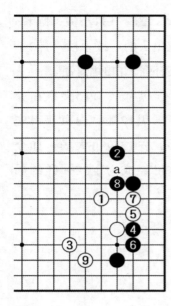

图7

图7 白1在五线小飞是充满新意的手段，接下来瞄着a位飞压。

黑2小飞防范，白3大飞。黑4、6托退，白7顶，黑8长交换，白9小尖加强棋形。

黑棋获得实地，右边棋形完整；白棋在下边下3、9两子，未来有扩张的希望，本图两分。

黑2若是——

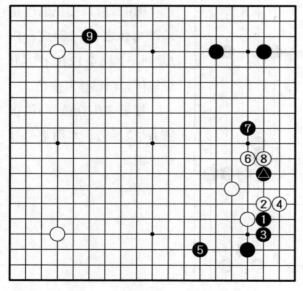

图8

图8 此时黑直接1、3托退，黑5拆二获取实地。

白6飞压，黑7看轻黑△一子，与白8交换之后，黑9抢占大场。本图同样是双方可下。

问题 10

小飞进角消失的原因？

在研究了以往的复杂定式之后，我们来讲讲朴素的黑1小飞进角。

这是为人熟知的一手棋，但是如今在职业棋手对局中已经绝迹。黑1已经被黑A、白B、黑C的手段取代。

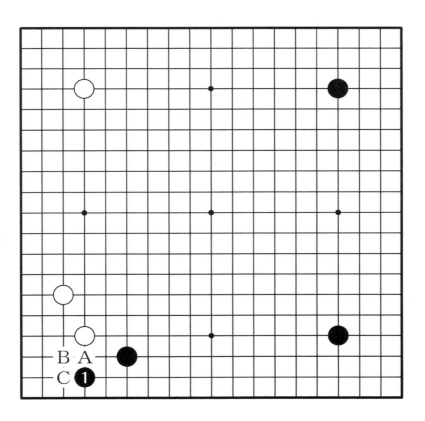

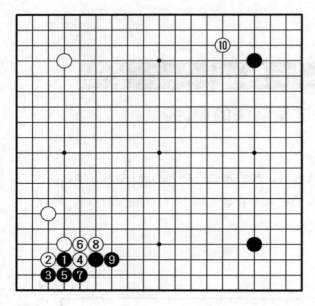

图 1

图1 黑1、3托、连扳是目前主流的下法。白4、6应对，8拐，接下来白10获得先手占据大场。

黑棋获得角地，并且棋形安全，同样可以满意。

那么来看看小飞进角的缺点吧。

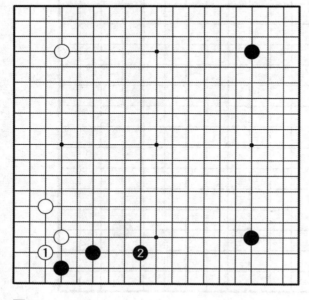

图 2

图2 白1小尖，黑2拆二，这是基本定式——

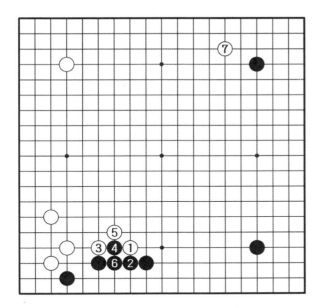

图 3

图3 白1、3是先手利，这是黑棋不满的地方。

黑棋子全部处于低位，可以预见白棋有获得模样的可能。

不喜欢本图的话，上图的黑2会——

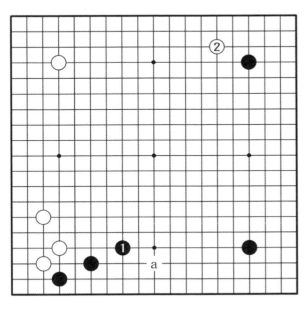

图 4

图4 黑1可以选择在四线小飞，但是后续白有a位的手段。很多棋手仍然觉得本图黑棋不好。

但是小飞进角绝迹最重要的原因是——

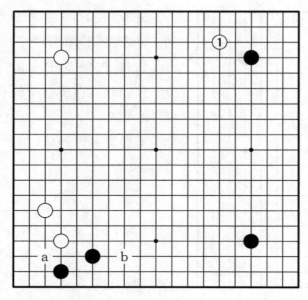

图 5

图5 白棋可以脱先，白1先占据其他大场。

接下来可以根据局势变化，选择白a获取角地或者b位夹击。

白b夹的具体下法是——

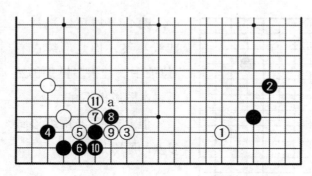

图 6

图6 白1挂角、3夹。

黑4至白11是代表性的变化，经过近年来的研究认为，本图的定形是白好。即使白a征子不利，白11长也是白充分的局面。

如果黑棋不能接受后续可能被白棋利用，在图5中白1挂角脱先之后——

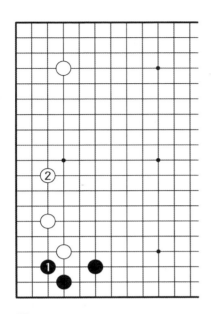

图7

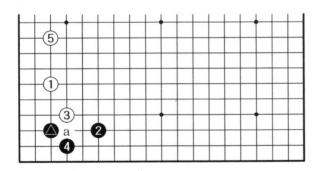

图8

图7 黑1小尖获取角地，白2拆二交换。这样可以让白棋的两个后续手段都失去效用。

但是——

图8 本图可以理解为黑三三占据空角、白1挂角、黑2拆二、白3肩冲的棋形。此时黑4小尖应对明显亏损。黑4明显应该下在a位，黑不满。

黑棋选择图7的黑1进角，结果也是亏损，这就是小飞进角绝迹的原因。

要注意的是，不是所有局面都是托、连扳的下法要优于小飞进角的，比如——

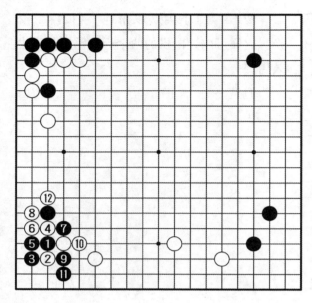

图 9

图9 在本图中，若黑1、3进角，白可能选择4、6分断的定式。

进行至白12是预想图，白获得了外势明显好调，本图黑棋稍有不满。

所以黑1应该——

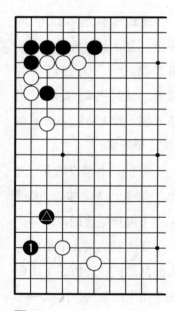

图 10

图10 为了黑⬛不被分断，黑1小飞进角是好手。

站在职业棋手的角度来看，小飞进角的缺点过于明显，所以才会在对局中几乎消失了踪迹。但是小飞进角的变化更加简明，这一点要优于托、连扳，还请各位读者按照自己的思路选择合适的下法。

问题 11

看起来是好手的大跳

面对白1二间高夹，以前的应手较为常见的是黑2大跳，但是如今已经很少见到。

倒不是这手棋有明显的弱点……

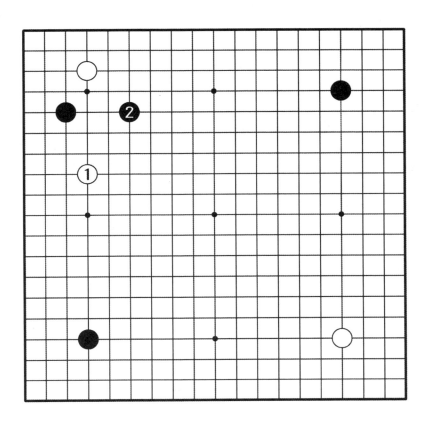

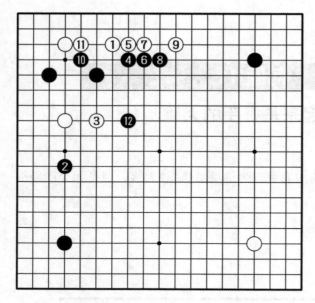

图 1

先说结论。问题图中的黑2大跳是有利的下法。

图1 白1拆二，黑2夹击与白3跳交换，黑4飞压。进行至白11，白棋获得实地，黑12镇开始对左边的白棋发起攻击。这是十几年前的对局中常常出现的场面。

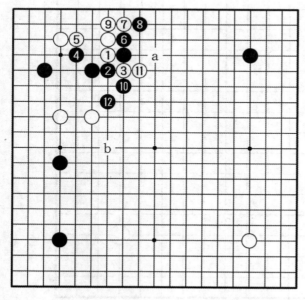

图 2

图2 白1、3冲断，黑4、白5先手交换，黑6挡。白7、9扳粘，黑10、12出头，后续黑a跳与b位飞封见合。

本图黑可下。

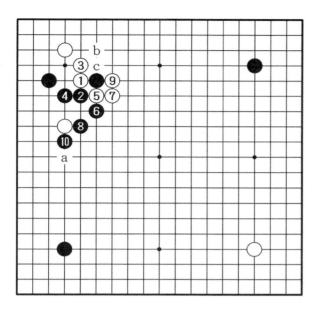

图 3

图3 白1、3是常见手段。

黑4连回，白5断，黑6、8出头。白9、黑10各吃一子，两分。

白9若在a位跳，黑b跳，白c冲，黑9位粘，局部黑可战。

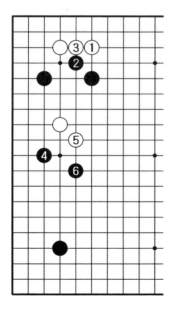

图 4

图4 白1一间跳意在冲击黑棋的薄弱棋形。黑2与白3交换补强，黑4、6开始在左边落子。本图也是两分。

65

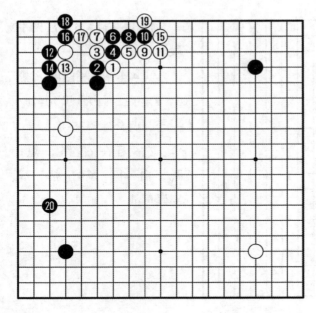

图 5

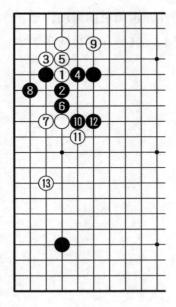

图 6

图5　白1在四线大飞的手段曾经一度被认为是强手，但黑只需2、4冲断应对即可。

篇幅有限，这里不进行详细讲解。白5至19是局部变化的一种。黑20获得先手抢占大场，本图还是两分。

图6　白1、3压虎也是定式下法。黑4打吃、6顶，白7立，黑8虎。

进行至白13定式告一段落，两分。

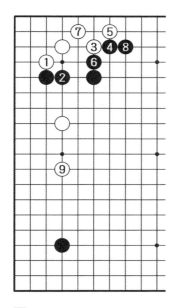

图7 白1尖顶、3跳是最近出现的重视角上实地的下法。黑4至8在外围筑起厚势，白9抢占大场，快速布局可以满意。

可以这样说，不论白棋如何应对，黑棋都可以得到两分的结果。

那么为什么现在大跳的下法从棋手对局中消失了——

因为黑棋有更好的选择。

这手棋就是——

图7

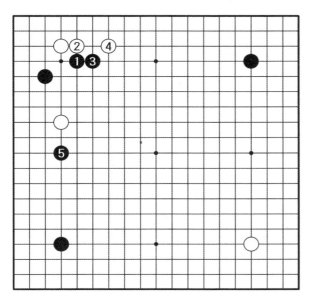

图8 黑1飞压是绝对的好手。这是在前作《围棋布局革命》和本书中都多次提及的下法，"与白2、4交换，黑棋明显得利"已成定论。

所以不是二间跳的下法本身不好，只是因为棋手们找到了更好的选择。

图8

问题 12

这个基本定式变化的预兆

白1至5是为人熟知的定式进程。

下一手本来是因为黑A扳，但是最近的下法变成了黑6小飞。

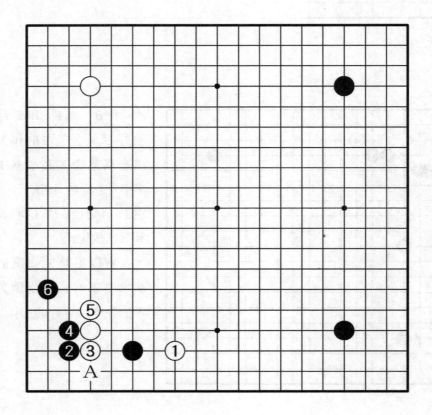

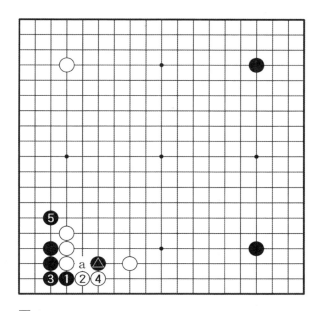

图1

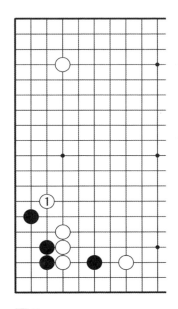

图2

问题图中黑6小飞出头是局部的选择之一。

先来说说为什么黑棋不在二线扳粘了吧。

图1 黑1、3扳粘，5跳出头，本图可以说是基础定式的基本型了，黑棋肯定可下。

但是如今白4爬成为主流应对（从白a粘变成白4爬的原因请参考前作《围棋布局革命》），这样黑▲一子的活跃度明显降低，所以黑棋会觉得本图不够满意，希望找出更合适的下法。

面对问题图中的黑6，白棋——

图2 白1飞压是最常见的应对。

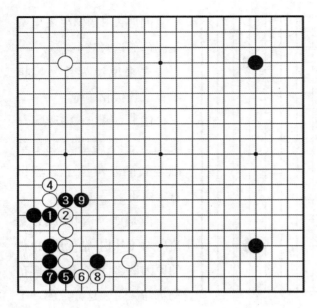

图3

图3　黑1、3冲断，白4长。黑5、7扳粘。

进行至黑9是基本进程，双方可下。

此时若黑不在1、3冲断——

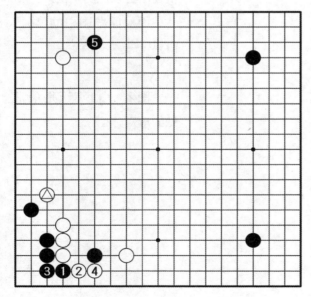

图4

图4　黑1、3直接扳粘与白4交换之后，黑5抢占大场也是一法。

站在白棋的角度思考，白除了白△以外还可以——

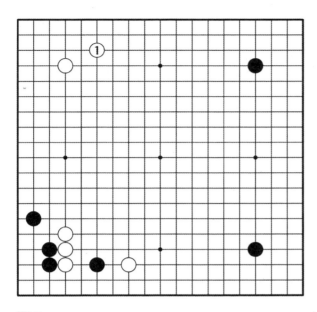

图 5

图5　白也可以脱先，白1抢占大场。

面对白棋脱先他投，黑棋若是——

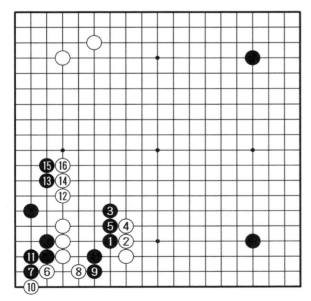

图 6

图6　黑1小尖出头稍有不满。白2至黑5交换，接下来白6、8先手利，白10扳先手。

为了不给白棋眼位，黑11粘。接下来白12跳出头，白14、16继续将黑棋压在低位，本图黑不满。

黑1应该——

71

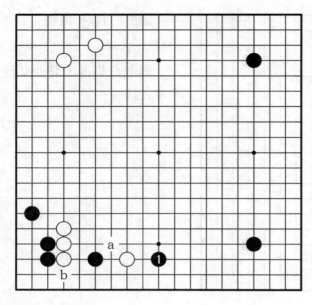

图 7

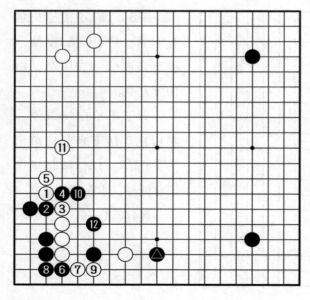

图 8

图7 黑1是有全局观的好手。

接下来若白a小尖、黑b扳，先手利，白变成凝形。

图8 此时白还是会选择白1飞压。黑2、4冲断，进行至黑12是预想变化。

本图的结果还是两分。但是黑△一子存在感极强，明显给白棋造成了一定威胁，本图应该不是白棋希望看到的。

面对黑棋小飞出头，白棋对脱先他投之后的结果不够满意，这也是黑棋小飞的用意。

那么白棋如果考虑其他的应手——

图9 白1拆二，并不能算是好的选择。

黑2小尖出头好手。接下来白棋没有合适的应对手段。

如果置之不理，接下来黑a小尖非常严厉。但是白a小尖的棋形又过于局促。

此时白1拆二不好，脱先的结果也不满意，图2中的白1飞压是比较合理的下法。但是黑冲断之后形成互攻，同样是黑棋可下。这就是黑棋直接小飞出头流行的原因。

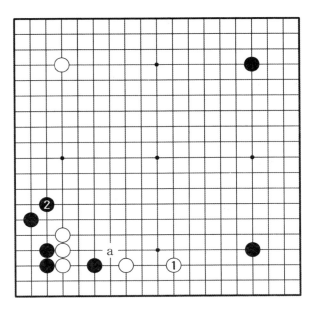

图 9

重视中腹布局的对策②

现在来看看"大高目"的应对方法。白棋的思路与面对"五·五"时相同。

不要着急破坏黑棋的模样，而是先努力在棋盘各处努力获取实地。

问题图1　黑1、3大高目和小目二间跳占角开局。

在占据实地方面，大高目要弱于目外和高目——

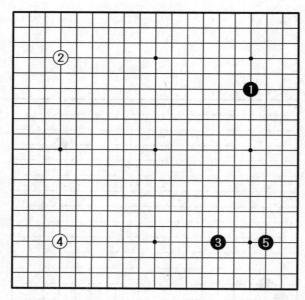

问题图 1

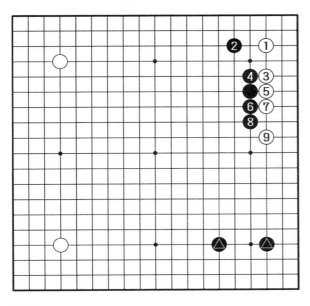

图1

图1 白1只要简单三三进角即可。左上角和左下角都是白棋占角，那么右边即使让黑棋形成模样也没关系。

黑2大飞、白3跳是正确应对。黑4压，白5、7爬，9跳，简明获取角地。

有了白9，黑棋右下▲两子想要形成模样难度加大，而角上实地也不完整。这就是白棋的理想图。

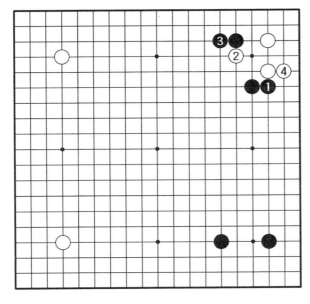

图2

图2 若黑1挡，白2、黑3交换，白4立做活。白2之后黑棋无法对白棋成功封锁，右边黑棋形仍有缺陷，白无不满。

白棋先捞取实地的战术成功。

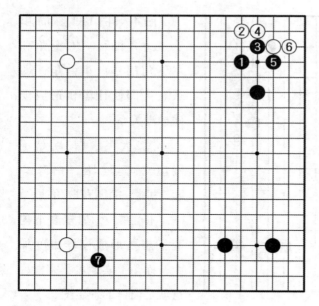

图3

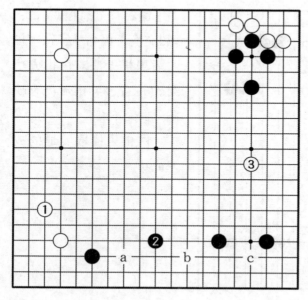

图4

图3　黑1小飞，白2小飞出头即可。

黑3、5先手交换之后获取先手，黑7抢占大场。

图4　白1小飞守角，黑2拆边，白3在右边分投。

下边白棋还有a、b、c三处可以打入的选点，黑棋无法一手成空。

黑2若在3位拆边，白2位分割黑棋下边模样。

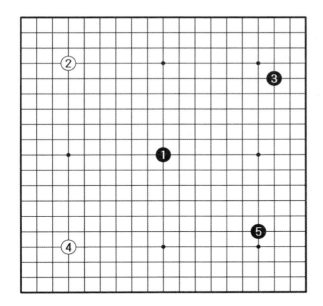

问题图 2

接下来再看看如果对手第一手下在天元应该如何应对。

问题图2 白棋的有效对策只有一个，就是不要过于关注黑1的天元。

黑棋需要思考如何活用天元，白棋只需要思考如何对付黑3、5即可。

此时白棋还是可以——

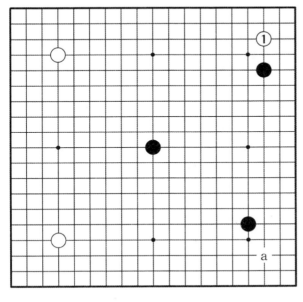

图 1

图1 白1三三进角，此时白a亦可。

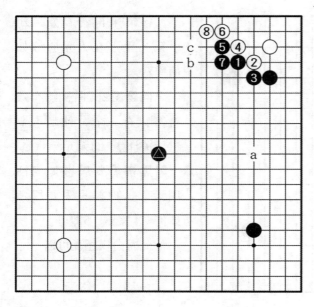

图2

图2　黑1飞压还原了目外、三三进角的棋形。

还是白2至8的进程，白棋获得实地。若黑a拆边，则白b；黑c封锁，则白a分投。此时的局面下黑△不算是好点，本图白好下。

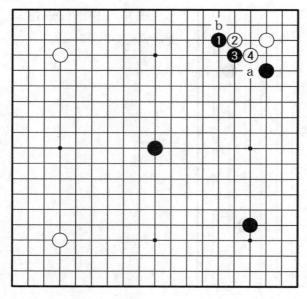

图3

图3　黑棋二间夹，白2碰、4虎好手。

黑若a位挡，白b连扳棋形与上图相同——

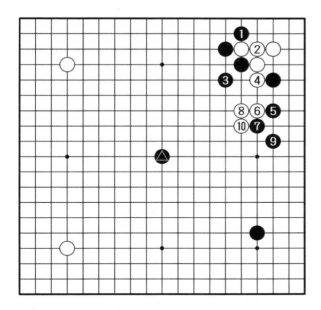

图 4

图4 黑1、3反击,白4冲出头,进行至白10,白棋棋形全部进入中腹。

从局部来看是黑棋可选的进程,但同样的问题还是黑▲所处的位置,后续是否可以发挥作用。本图还是白满意。

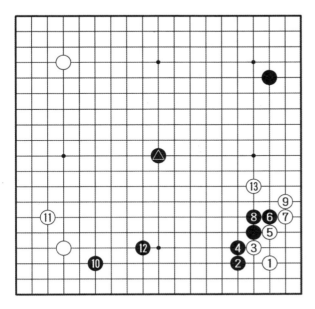

图 5

图5 白1也可以在右下角三三进角。

黑2至白9形成熟悉的棋形,黑10、12扩张,白13好点。本图仍然是黑▲效率不高,白好。

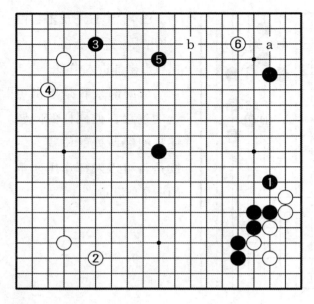

图6

图6 黑1跳封，白2在左下守角，防止黑棋在下边发展模样。

黑3、5扩张上边，白6简单在上边打入。接下来白a、b两点见合。

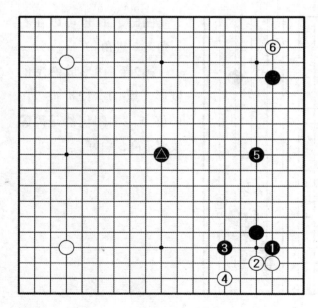

图7

图7 黑1、3，白4小飞做活。

黑5在右边形成模样，此时黑棋子配置全部在右边，白6继续三三进角，只要黑△没有实际发挥作用，白棋就可下。

第二章　序盘作战的变化

第二章的内容将着重简述曾经流行的序盘作战手段被废弃的原因。

　　三连星、中国流、迷你中国流、小林流等知名布局在前作《围棋布局革命》中已经做了讲解。本章节的内容则围绕"面对秀策的小尖脱先的后续手段""压虎定式为何消失"等问题来探讨与定式紧密相关的序盘作战。

　　出现变革的背景是AI的登场。AI的围棋理论重点是追求棋子的效率。这极大地影响了近5年来序盘作战的思路。

问题 13

消失的反夹

白1夹击（也可以选择白a至e夹击），此时黑2反夹是以往常用的布局作战方法。

AI出现以后，黑2的下法逐渐淡出了人们的视野。

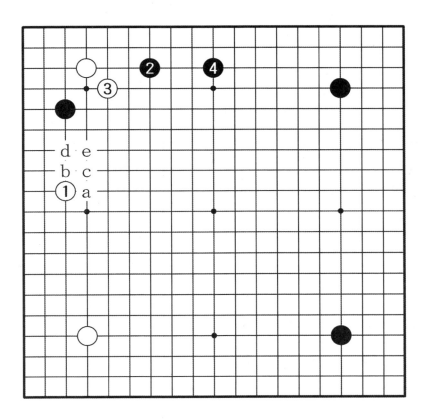

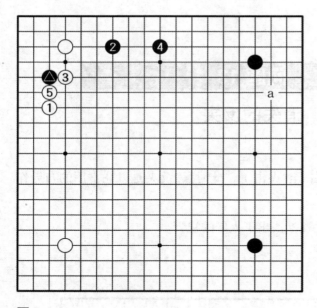

图 1

图1 首先来看看白1一间夹。

黑2、4反夹的下法为何被棋手们抛弃了呢？这也是因为白3、5获取角地之后，黑△一子完全被控制，明显白棋优势。

可以看出左上的白棋非常厚实，黑2反而变得不重要了。如果黑2在a位小飞守角，效率要好得多。

不仅如此，黑4的棋子位置也不能令人满意——

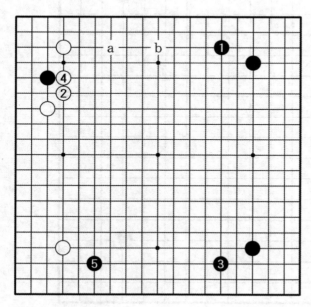

图 2

图2 黑1、3守角明显要好于黑在a、b位拆边。全局来看明显本图的黑棋子效率更令人满意。

因为一间夹比较常见，讲解更简单。即使白棋选择其他夹击方法也不会有太大变化。

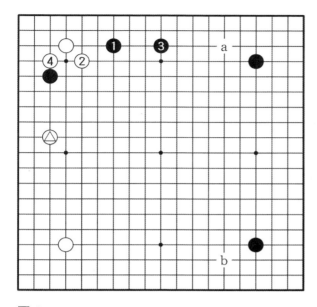

图3

图3 若白△三间夹，黑1、3反夹，白4尖顶应对。

同样地，黑1、3拆二的棋形不如在a、b两处守角效率高。

也就是说，现在更重视角上实地，而认为边上开拆的价值不大。这就是黑1、3的手段消失最重要的原因。

接下来再看看二间高夹吧。

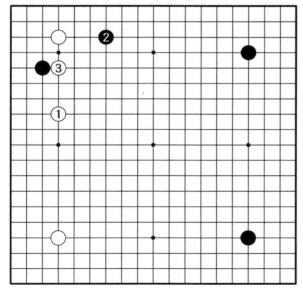

图4

图4 面对白1二间高夹，以往黑会在2位反夹，白3压——

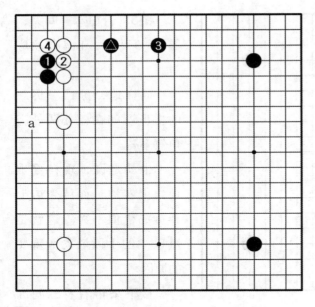

图 5

图5　黑1、白2交换之后再黑3拆二的下法也曾流行一时。

白4拐角，后续黑还有a位的动出手段。原本对于本图的评价是黑棋形灵活，现在则认为黑△效率低，如今已经几乎没有执黑的棋手选择本图。

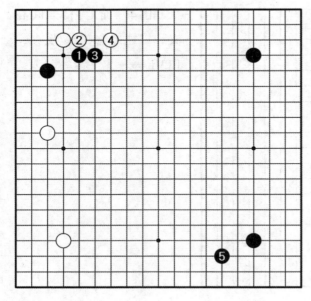

图 6

反夹下法衰退的理由还有一个。前作《围棋布局革命》中曾提到过，这里不做详细讲解——

图6　黑1飞压是局部好手。与白2、4交换之后黑棋先手利，本图的结果已有定论。因此黑棋没有必要选择反夹。

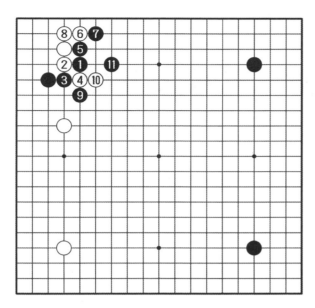

图 7

图7　面对二间高夹，还是黑1飞压。白2、4冲断，黑5开始战斗。进行至黑11跳出，局面虽然复杂，但是黑可战。

问题 14

立二拆三在高位

白1至黑6是基本定式的时期，白7高位拆三非常少见。

以往大都是选择白A低位拆三……

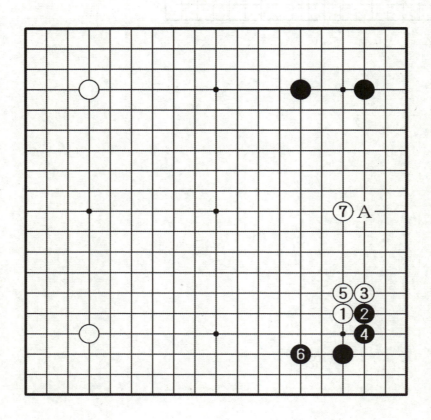

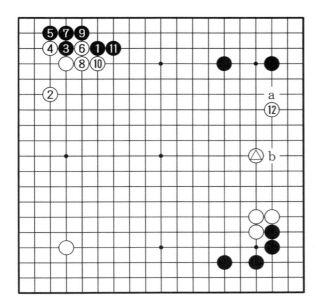

图1

高拆的优势在于下一手的拆边（或者逼住）价值更高。

图1 白12或者a位拆边价值高的原因是白△位要好于b位，未来发展的可能性更大。

如果不喜欢本图，黑1可以——

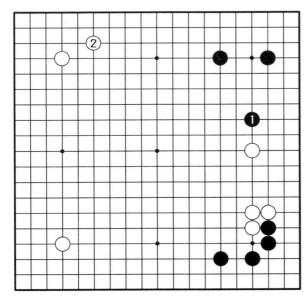

图2

图2 黑1逼住是好点。以前的白棋很不喜欢本图。

白2脱先他投的话——

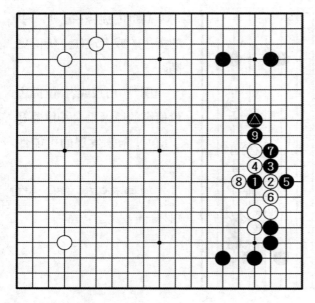

图3

图3　黑1打入，进行至黑9告一段落。黑棋在右上棋形厚实，白不满。

但是在黑△逼住的时候——

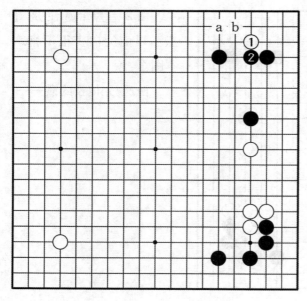

图4

图4　白1在角上落子是绝好的时机。若后续黑棋周围厚实，可能会在a位跳硬吃白棋。但现在只能在2位压。白1、黑2交换之后，白棋在角上留下了b位小尖的后续手段。

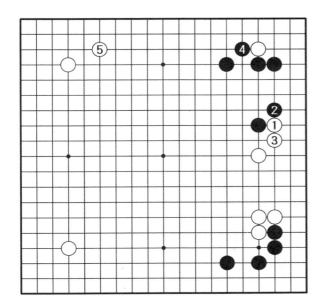

图 5

图5 白1、3托退加强右边的棋形。黑4虎补，白5抢占先手占据上边大场。白行棋步调快速，可以满意。

再来说说黑棋右上角的二间跳守角——

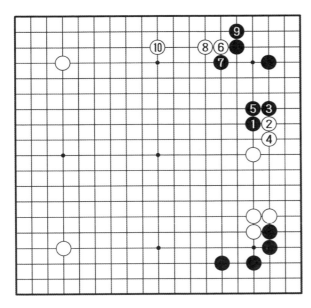

图 6

图6 黑棋即使是小飞守角，结果也没有变化。

黑1，白2、4托退，黑5粘，白6碰，将黑棋变成凝形，进行至白10，白优。

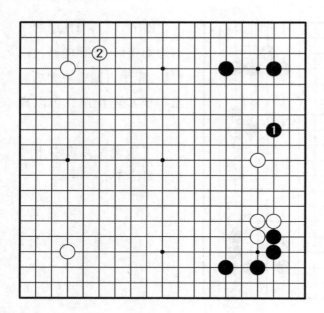

图 7

图7　黑1拆三，白脱先是最好的应对——

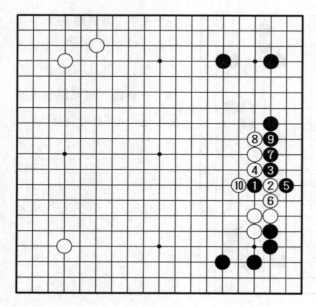

图 8

图8　黑1打入，白2托。进行至白10，黑棋形不如图3丰满，白棋可以满意。

那么黑1如果——

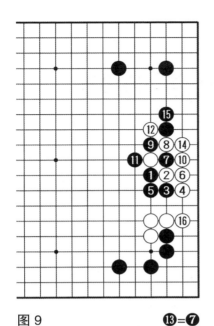

图 9   ⑬＝❼

图9 黑棋尝试1位碰。白2、4连扳好手。黑5粘，白6粘。

黑7、9、11封锁白棋，白12断吃至16立告一段落。此时白12一子仍有余味，本图的定论还是白可下。

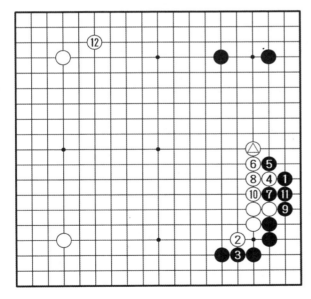

图 10

图10 白△高拆时，黑1在二线侵入也是可选择的手段。

进行至黑11，以往对本图的评价是黑棋实地可观。但如今认为黑棋所得不足为惧。白12可以获得先手抢占大场，还是白可下的局面。

所以白棋不用担心黑棋的任何手段。

因此"因为下一手价值高，所以选择白△"已经成了如今棋手们的共识。

问题 15

夹击比飞压好

黑1小尖，白2脱先他投，此时黑若在右下落子，选择黑3夹击的对局占了很大的比例。

让我们来研究下其中缘由。

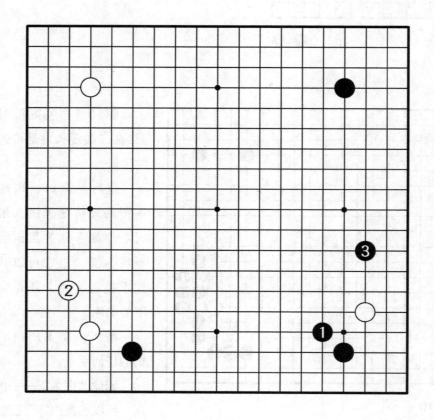

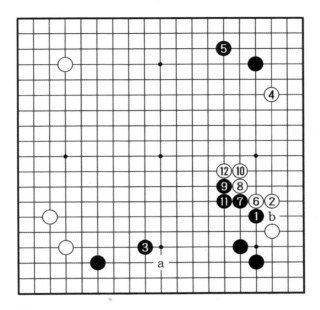

图 1

图1 以前黑棋大多选择黑1飞压，最近这个下法已经几乎绝迹。

白2跳，黑3拆边构成模样。白4至12告一段落，黑棋只有一边空，不利于后续发展。

虽然黑棋没有落后，但在近年来重视实地的倾向性越来越强，职业棋手也在尽量避免以扩张模样来争取胜负。

白2也可以在a位夹击。

黑b挡，白4挂角。这样下的思路在行棋速度上白棋明显优于黑棋。白2跳优劣难辨，可以肯定的是本图白无不满。

综合以上的理由，黑棋开始放弃飞压。取而代之的下法就是问题图中的黑3夹击。

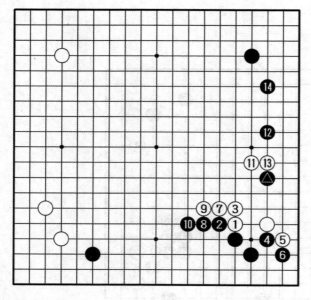

图2

面对黑棋夹击，白如果马上在右下动出——

图2 白1、3压长出头。

接下来黑4至白11是预想图，此时黑12、14看轻黑△一子好手。黑棋在右下和右上都有所得，可以满意。

如果白棋不在右下落子——

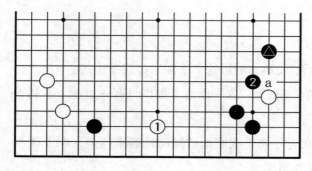

图3

图3 白1抢占大场。

黑2飞压棋形坚实，但黑△一子位置不佳，明显是在a位更好。

局部白子还有余味，当然不是马上落子——

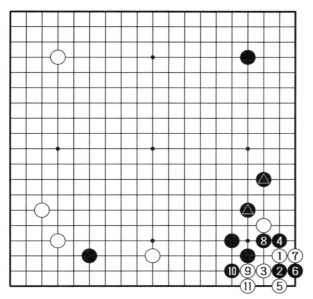

图4

图4 白1小飞进行至白11可以做活，这样一来黑▲的棋子搭配不佳，有变成凝形的感觉。

所以图3的黑2飞压虽然棋形厚实，但不是最好的选择。AI给出了它的选择——

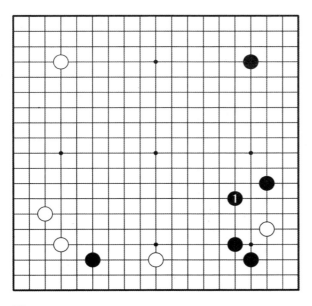

图5

图5 黑1封锁。刚开始这手棋的瞬间会发出"啊？"的感叹。认真思考过后可以理解其中深意。

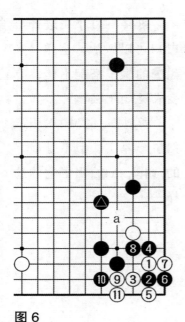

图6 白1至11做活时，黑⚫明显要比在a位效率高。这是第一个原因——

图6

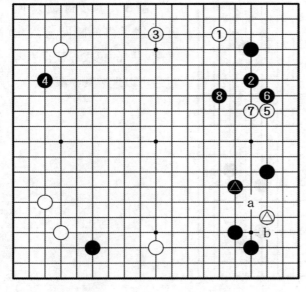

图7 一旦在右边引起纷争，白5打入，黑6、8攻击，还是黑⚫要好于a位。对于白5、7带来的压力值不同。这是第二个原因。

还有第三个原因。后续若黑b位尖顶，还是黑⚫获得的目数更大。

综上所述，这就是问题图中的黑3流行的理由。当然最重要的就是AI给出的图5中的黑1好手。

图7

问题 16

消失的外挂

面对中国流（包括黑△在A位或者B位的情况），白1在外围挂角的下法已经几乎消失。

让我们来共同研究其中的原因。

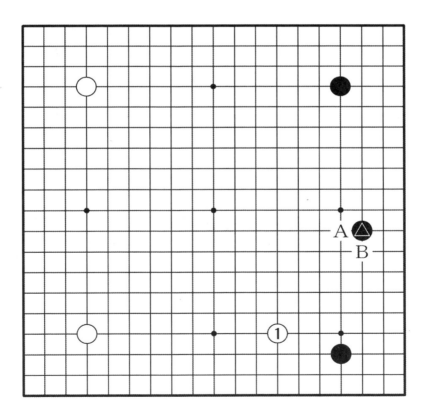

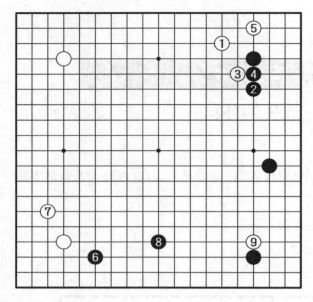

图1　白1小飞挂角至白5小飞进角，黑6、8在下边扩张，意在让白棋从右下打入开始战斗，这是中国流布局的思路。

但白9碰是AI的创新好手，黑很难占据上风。

这是中国流布局淡出的理由，那么小目外挂被棋手抛弃的原因是?

图1

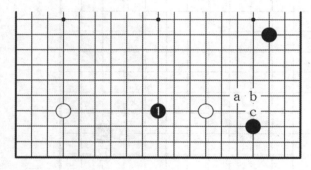

图2　黑棋以前的应法中黑1夹击比较常见。

接下来白会选择a、b、c等下法，后续的定式一度非常流行。现在的黑棋行棋思路出现了变化——

图2

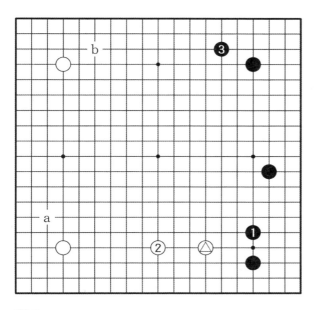

图3

图3 黑1简明的守角是现在公认的好手。

白2拆二，黑3守角，这样一来白△一子的价值变小，白△明显在a或者b位效率更高。

如果对图3做出调整——

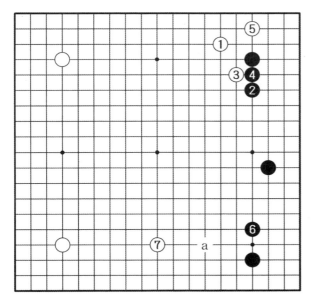

图4

图4 可以将白1至7的进程进行对比，可以轻松看出区别。

右上白1至5取代了有白a拆二的图3，相比之下明显本图白棋的结果更好。

这就是外挂淡出的理由。

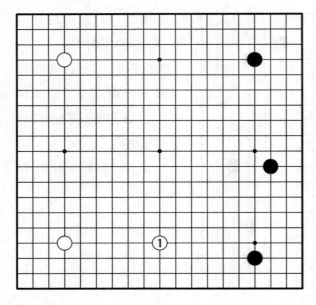

图 5

面对中国流布局，除了右上挂角、右下外挂之外——

图 5 白还可以1位占据大场。与外挂的思路相同，都是为了防止黑棋在下边扩张模样。

白1的下法如今也很难见到了。

理由如下——

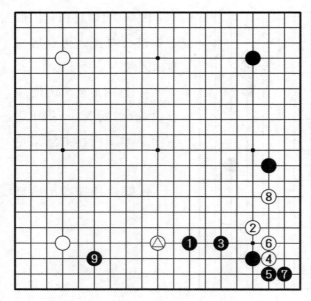

图 6

图6 黑1是好点。白2右下挂角，进行至白8是预想图。

这样一来黑9挂角，白△一子明显变弱，本图白不能接受。

还有一个原因——

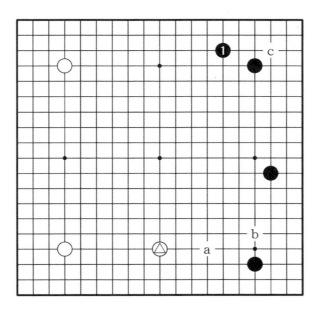

图 7

图7 黑1脱先在上边守角简明，同样是有力的下法。也许白△拆边的选点被废弃，本图是最重要的原因。

接下来白a、黑b，棋形与图3相同。如果白b挂角，白△的位置不佳。白棋没有好的后续手段。

面对中国流，白△等在下边落子的选点逐渐淡出，如今在右上挂角或者c位点三三成为主流。

在AI出现之前，棋手的思路是"怎么下都是一局棋"。如今有了明确的胜率来确认选点的优劣。序盘理论也在以令人惊叹的速度不断地进步中。

问题 17

拆边不好

上题讲了拆边、逼住，本题展现的是相关棋形。

黑1守角，白2拆边。乍一看棋形没有任何问题……

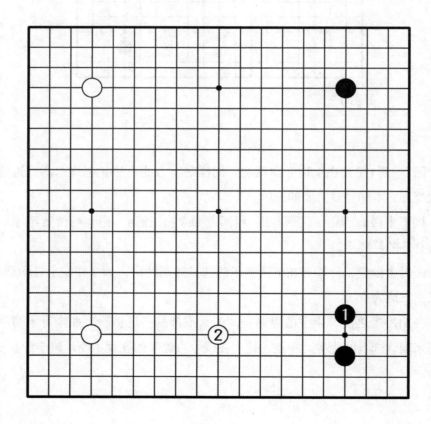

以往的布局原则：一是拆边、占空角；二是守角、挂角；三是拆边。请在此格言基础上再看一遍问题图。

空角黑白双方已经分割完毕，接下来黑1守角。这与布局原则完全一致。

问题是白2。很明显，这手棋是在忠实地履行第三点原则——拆边。

但是这手棋如今已经几乎无人选择。

图1 白1或a位，白在左下守角。

白1或者a位是星位守角，符合布局原则中的第二点。但布局原则出现的时期，一般认为小目守角的价值要大于星位守角。

所以如果想要下边落子，问题图中的白2拆边才应该是常识。

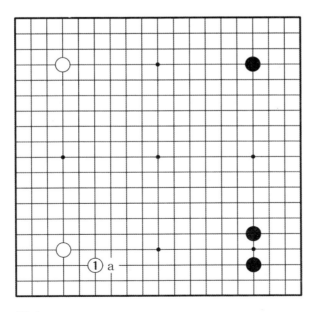

图1

明明是常识性的下法，为何如今绝迹了呢？

最重要的理由应该是——

图2 黑1点三三是此时的好手。

以前公认白2至10可以获得厚势。但现在普遍的思路是，白棋被抢占角地的同时，黑还获得了先手，黑11抢占了右上大场。本图明显是黑棋可下。AI出现以来明确了重视角地的布局思路，同样也是如今布局中需要着重争取的。

下图同样是重视角地、轻视拆边的例子。

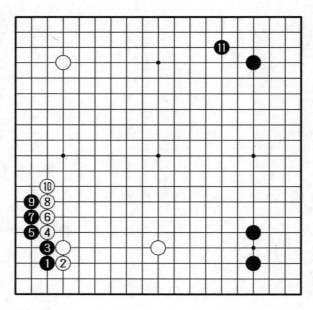

图 2

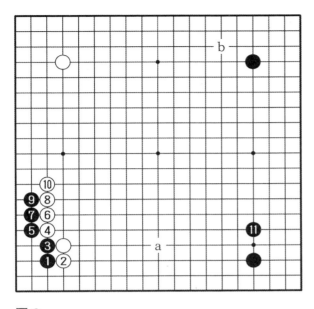

图 3

图3 黑1点三三至白10局部告一段落，一般来说下一手应该是在a位一带抢占大场，但现在选择黑11守角的棋手明显更多。

以前黑棋不愿意被白棋抢占到a位大场，现在的思路则是"那么黑b在右上守角，还原图2，黑无不满"。

回到问题图——

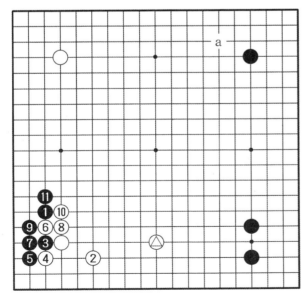

图 4

图4 黑1选择挂角同样是因为白△拆边的价值并没有那么大。

白2小飞守角，黑3、5进角。白6至黑11告一段落。可以看出白△的效率不高，不如抢占a位等其他大场。

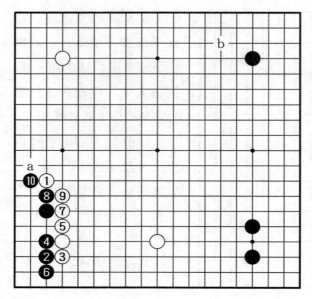

图5

图5　白1夹击，黑2点三三。白3、5，黑6立、8顶、10扳是局部好手。

接下来若白a位连扳，黑获得先手可以抢占b位守角等大场。在行棋速度上白棋落于下风。

白棋若想要占据边空，此时最有利的应对手段应该是——

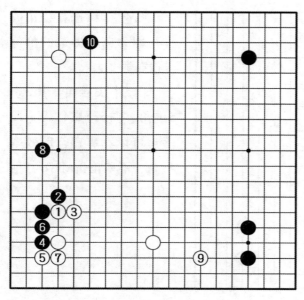

图6

图6　白1、3压长。在贯彻意图的同时，白9小飞好形。

问题 18

消失的压虎定式

黑1、3压虎定式大家还记得吗?

曾经与压长定式一起流行过很长一段时间……

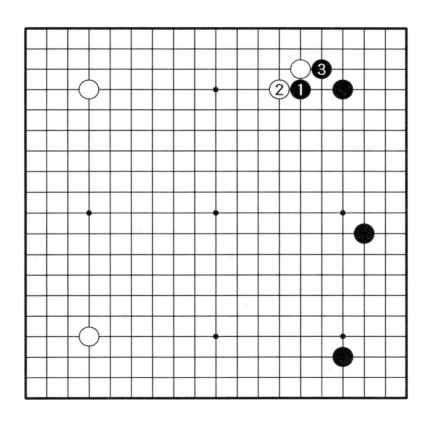

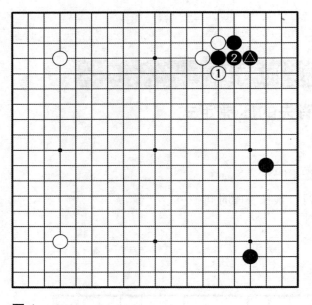

图 1

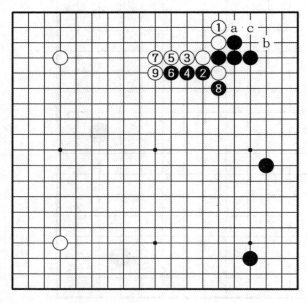

图 2

压虎定式的全盛期应该是在我学习围棋之前。

关于压虎定式如今淡出的原因，经过一段时间的观察我得出了如下结论——

图1　白1打吃，黑2粘，黑变成了愚形。

黑△一子所处的位置有相当的违和感，所以很想避开这样的局面。还有就是"不能让白心情愉悦地落子"。

黑2以后——

图2　白1立，进行至白9是预想图，后续白a拐，黑只能b虎退让（若在c位虎，白还有b位点的后续手段）。本图黑棋右上还没有形成实地，紧靠厚势并不能占据优势。

白9拐绝好点。在如今的思路来看，本图是黑必须避开的局面。

局部的正确选择是——

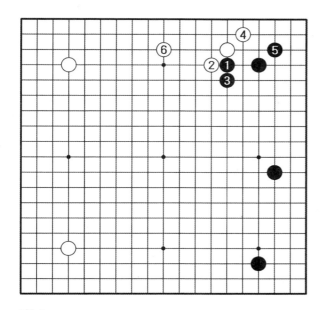

图3

图3 黑1、3压长，白4、6应对。请将图2与本图做对比。

本图的黑棋更有发展，并且在扩张的过程中没有帮助白棋强化，明显黑棋选择本图更好。

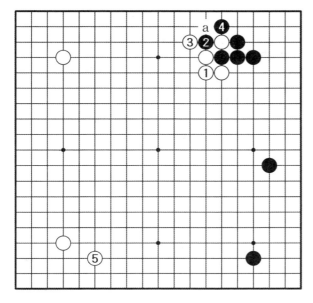

图4

图4 即使白1在上边粘，黑棋也不能满意。

黑2、4吃掉白一子，以前的定式白会在a位打吃。现在白5会脱先抢占大场。黑不满。

黑不满的原因可以与下图做对比——

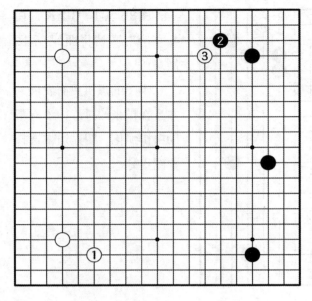

图 5

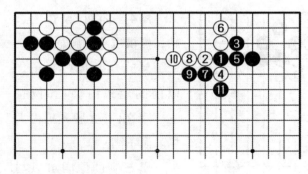

图 6

图5 白1、黑2守角，白3肩冲。

白3肩冲之后形成图4那样的棋形，将黑棋压缩在角上，明显黑不满。

所以图4可以理解为黑棋完全地被利。

虽然如今压虎定式几乎绝迹，但在特殊情况下仍然可以选择。这里举例说明。

首先是让对手厚上加厚的场合——

图6 左上白棋形非常厚实，所以黑1、3是首选。

白8、10棋形重复，黑满意。

另一个情况是，本身需要获得根据地——

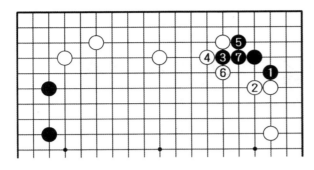

图7 周围都是白子，黑棋想要就地做活，所以黑1尖顶，3、5确保眼位。

图7

升级为有利手段

黑1点三三，白2挡，黑3爬，白4、6连扳是场合手段。

最近升级为有利手段。我们来探讨一下原因。

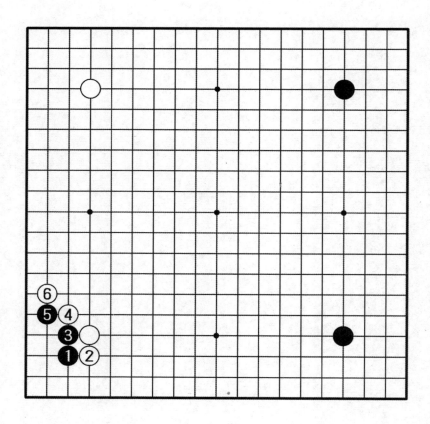

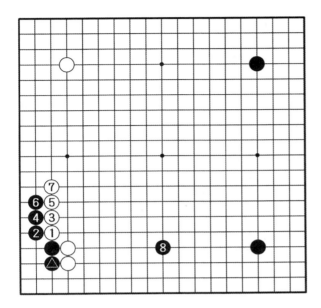

图1

图1 面对黑△点三三，白1扳二子头，黑2至白7交换，黑棋意在获得先手黑8抢占其他大场。

先手获得角地并且获得边上大场，这是黑棋满意的局面，同时也是点三三的理想图。

现在白棋的应对不是1、3，而是——

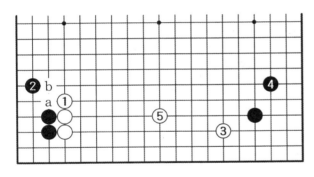

图2

图2 白1长、黑2小飞交换，白棋获得先手3、5拆边。本图实战出现得较多。

但是黑2还有a位爬和b位跳的手段，所以白1长并不算是简明定形。

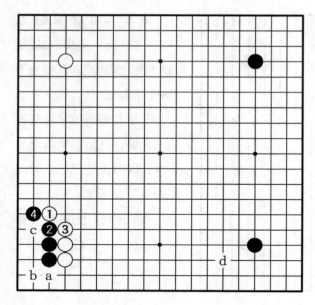

图3

图3 白1小飞，黑2顶、4扳。

接下来如果白a扳，黑b挡，白c断则可能会演变成复杂定式，如果脱先，白可以d位挂角。

白棋长也好、小飞也好，都有可能变成复杂的局面，所以白棋选择——

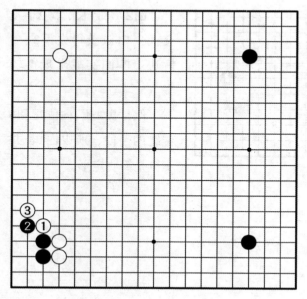

图4

图4 白1、3连扳，可以简明定形。

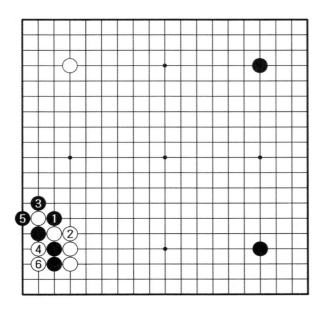

图 5

图5 黑1、3吃掉白一子，白4、6吃掉黑角上两子进行转换，这是以前就有的定式，双方各有所得。白棋可以简单地确保角地，因此喜爱本图的棋手越来越多。

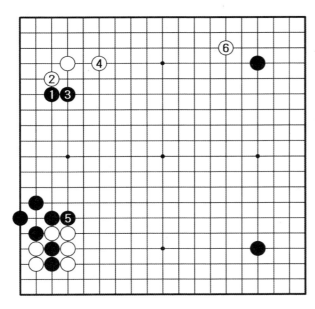

图 6

图6 黑1至白4是既定变化。黑5是扩大左边模样的好点，但是白6可以获得先手，在右上抢占大场，双方都可满意。

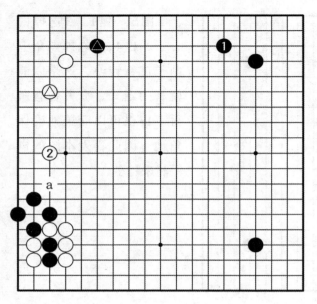

图 7

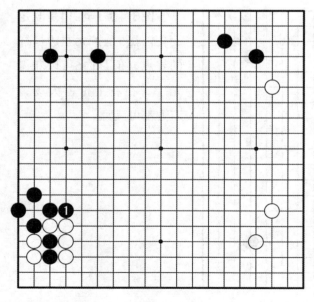

图 8

图7 若黑△挂角与白△已经交换，那么黑棋无法在左边有所发展。此时白棋左下角的连扳效果更好。

左下角如本图定形，黑1在右上守角，白2拆三好点。接下来白a严厉。

但是黑1若在2位拆边过于平淡，黑不能满意。左下选择连扳定式是白棋的权利，这样的情况下黑棋是否选择点三三需要三思。

接下来是白棋不应该选择连扳定式的变化图。

图8 如本图，黑棋在左边已经有了发展模样的可能。

此时黑1是绝好点。可以看出白棋在左下角的定式选择错误。可以这样说，在黑1是绝好点的情况下，白棋连扳的定式就不是正确的选择。

最后再补充一点。白棋连扳之后——

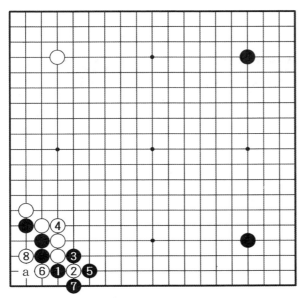

图 9

图 9 此时黑棋还有1位扳、3断的定式下法。白4粘之后6、8获取角地（以前的定式中白8下在a位）。现在认为本图是白好，一般情况下黑棋不会如此定形。

白棋连扳的定式已经升级为有力的手段。

问题 20

放弃小飞选择一间跳

白△是中国流的棋子配置，黑1挂角、白2跳是最近流行的应对。白2放在以前是趣向下法，为何如今变成常型了呢？

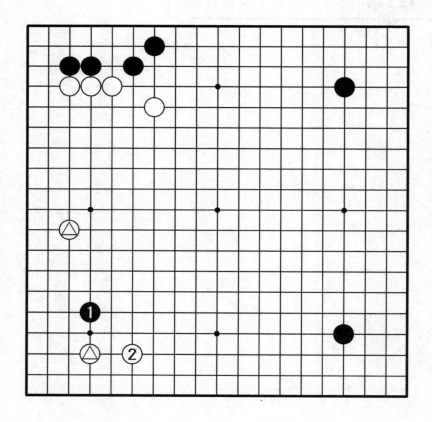

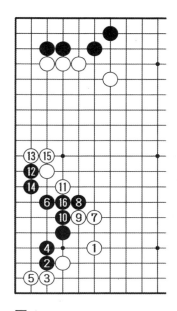

图 1

图1 面对这个局部，以往的普通应对是白1小飞。

黑2、4托退，6小飞获取根据地，白7至黑16定式告一段落，对于本图的结论是白无不满。

但是最近黑16有了新的手段——

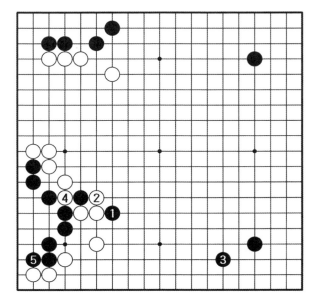

图 2

图2 黑1碰、白2拐交换之后，黑3抢占大场。白4断，黑5做活。

黑1与白2交换，明显黑棋行棋速度更快，白棋对此不满。

另外图1中的黑10还可以出头——

121

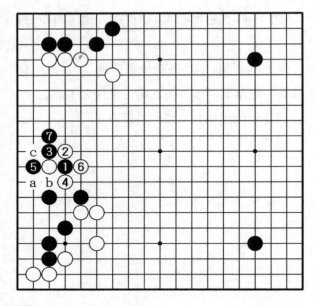

图 3

图3 黑1、3靠断。

白4打吃，黑5、7渡过。后续白a、黑b、白c开劫需要三思（劫败损失极大）。这样黑棋破坏了白棋左边模样，明显占据上风。

因此白小飞应对稍有不满，一间跳的研究在不断推进。

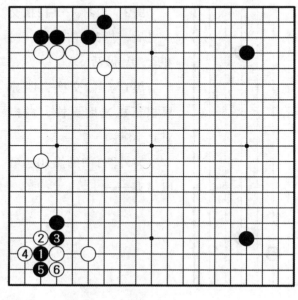

图 4

图4 黑1托，白2、4应对。黑5立，白6挡。这就是白一间跳的意图。

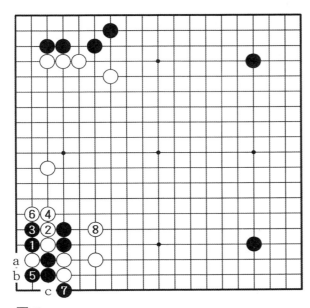

图5

图5 黑1至5在角上做活，白6拐先手（黑若脱先，白a，黑b，白c可以净吃）。白8跳好形。

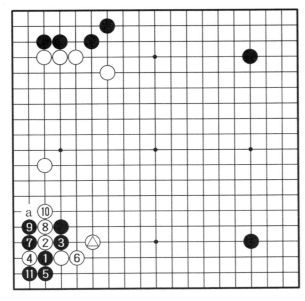

图6

图6 若是白△小飞，此时白2、4交换之后白6连回，黑7至11做活以后白a是后手。

本图白稍有不满。

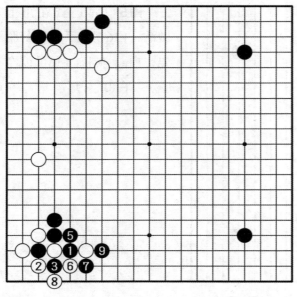

图 7　　　　　　　　　　④＝② 上方

回到白一间跳，此时图4中的黑5变招——

图7　黑1挖吃，白2提。黑3打吃、5粘分断，白6、8吃掉黑一子，黑9征吃，局部告一段落。

黑棋征子有利也可以选择本图。

如果黑棋对本图和图5都不够满意，那么再回到白一间跳的局面——

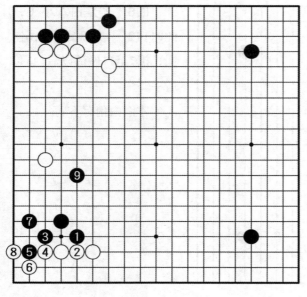

图 8

图8　黑1刺是现在的主流下法。

白2粘，黑3、5先手利之后黑7虎，白8打吃之后黑9出头。这是黑棋选择的局面。两分。

白棋如果对本图不满，白6可以——

图9　周围棋子配置出现改变，黑白交换。此时的黑7刺、9跳是实战对局中出现的应手。

这是贯彻AI强大意志的下法。AI认为此时要夺取白棋根据地，黑7的手段真的是人类无法想象的手段。

后续白10至黑13告一段落，后续双方进入互攻局面。

本形在此基础上还会不断地突破创新。随着研究的深入，我会继续整理归纳并展现给各位读者。

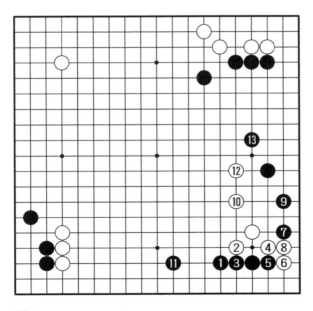

图 9

问题 21

两个被废弃的下法

黑1、白2交换之后，黑3小飞守角是最近常常出现的下法。另外，黑3在A位大飞守角，省略黑3、白4的交换，黑5大飞拆边这两种变化已经几乎绝迹。

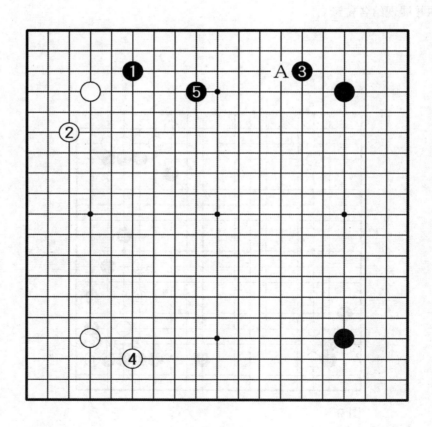

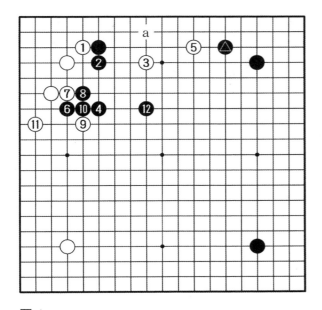

图 1

问题图中的黑3在A位大飞守角或者小飞守角是以前常见的下法……

图1 黑△小飞守角，白1、3若是选择夹击左上黑一子，黑4大跳出头即可。

白5拆边，后续黑有a位破眼的手段，黑6至12整形，本图黑可以满意。

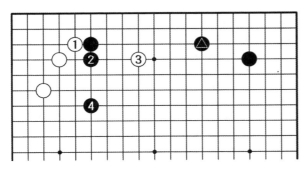

图 2

图2 黑△在大飞守角，若白还是1、3与黑4大跳交换，此时黑△给白3带来了更大的压力。本图明显还要好于图1。

所以在黑△大飞守角的情况下，白棋一般不会立即在左上落子。

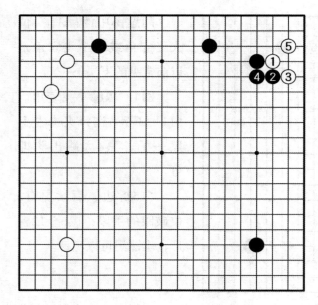

图 3

黑棋大飞守角暴露了对角上实地控制不足的弱点。白棋可以——

图3 白1托好手。黑2外扳,白3下扳、5虎做活。

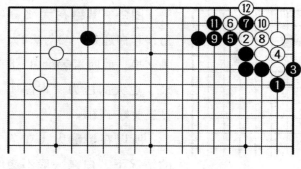

图 4

图4 黑1至白12是局部典型的变化。随着重视角部的倾向越发深入人心,觉得本图黑稍有不满的棋手越来越多。因此大飞守角的下法也逐渐被抛弃。

黑9若是吃掉白一子——

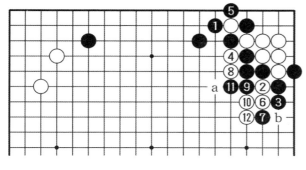

图 5

图5 黑1打吃，白2断吃制造断点。黑3长，白4至12暂告一段落，后续白a、b两点见合，黑崩。

接下来看看问题图中的黑5吧。

这手棋被抛弃的原因是——

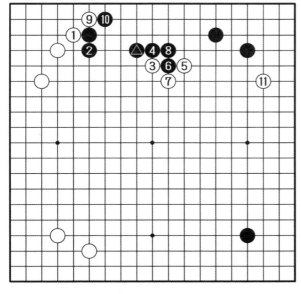

图 6

图6 白1、黑2交换，白3肩冲好点，这是黑不满的关键。

黑4爬，6、8挖粘应对，白9、11快速布局，可以看出黑棋在上边的棋形重复，黑不满。

AI出现以来，原本不在思考范围的白3肩冲因为"可以将对手变成凝形"而变成了公认的好手。

取代黑●成为现在流行的下法的是——

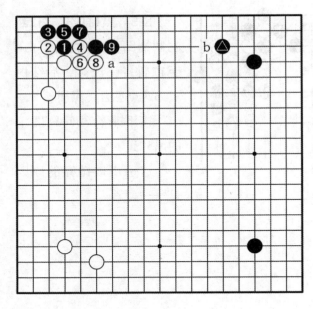

图 7

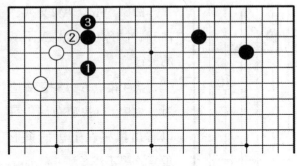

图 8

图7 这就是大家已经熟知的黑1、3进角。

进行至黑9是现在最流行的定式，后续若黑下到a位拐与黑⚫之间的棋子配置舒展；而若黑在b位大飞守角，距离左上厚势太近。

如果右上是大飞守角的话——

图8 黑1跳如何？黑棋在上边形成模样，让白棋打入之后开始攻击。

扩张模样难度不小，所以现在这样的下法已经不多见。

本图与图7进行比较可以看出，如今酷爱实地的棋手越来越多，所以实战对局中图7更加常见。

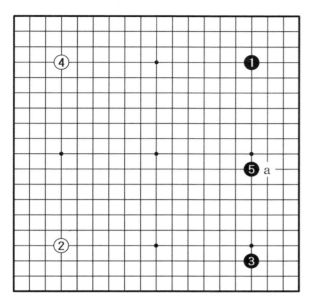

问题图

高中国流的最新评价

前作《围棋布局革命》中讲到了中国流逐渐淡出人们视野的理由。

但是根据这几年的研究，我认为高中国流是充分可下的布局。

问题图 黑a低中国流确实是不够满意的布局，但是黑5的高中国流我认为是黑白可下的局面。

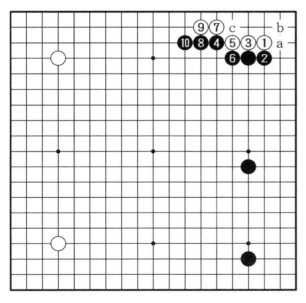

图 1

图1 白1点三三，进行至白7在角上做活。黑a、白b、黑c是定式，后续可能出现比较复杂的局面，这里推荐黑8、10的简明下法。

本图黑棋可下。

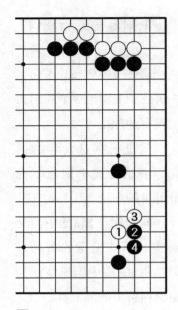

图 2

图2　白1在右下挂角，黑2、4托退是好手。

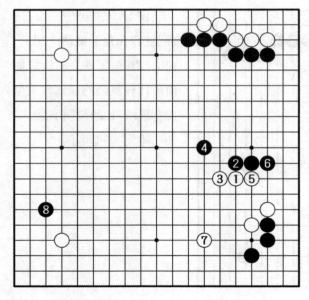

图 3

图3　白1肩冲，黑2、4应对，右上的模样得以扩张，可以期待获取不小的实地。

白5、7继续整形，黑8获得先手抢占大场，黑可满意。

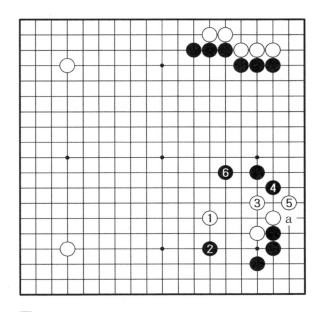

图 4

图4 白1大飞，黑2在下边拆边应对，白3虎，黑4搜根后续有a位渡过的手段。

白5小尖阻渡，黑6跳继续扩大上边模样。黑棋的模样已经初具规模，同时右下还有可观的实地，本图还是黑可下。

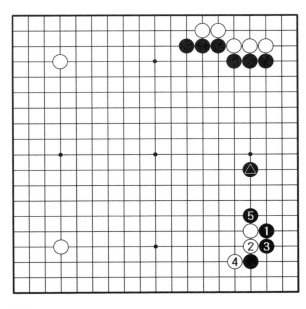

图 5

图5 黑1托，白2、4雪崩型应对。

此时黑有△一子应对，黑5直接扳二子头即可。局部战斗没有黑棋落于下风的可能。

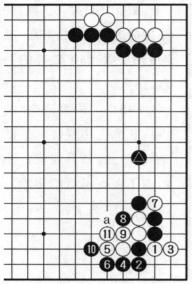

图 6

图6 白1、3分断，黑4拐，白5长是征子有利时的下法。但此时黑有△位一子的援军，已经和征子无关。

黑6爬，白7断，黑8、10滚打与白11交换，此时确实黑a征子不利——

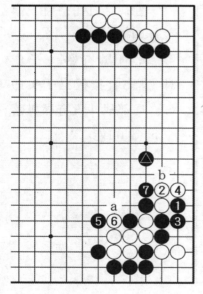

图 7

图7 黑1、3长气之后，黑5枷是局部好手。白6冲，黑7压，接下来a、b两点见合（这就是黑△的价值）。白崩。

那么图6中的白5如果——

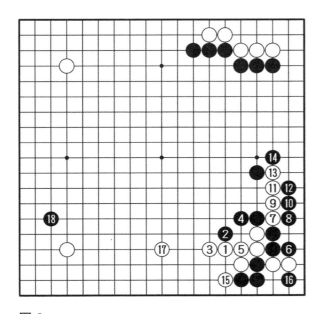

图 8

图8 白1虎补，黑2靠手筋。

进行至白17局部告一段落。黑棋在边上吃掉白四子，角上吃掉白两子。

但是边上白棋四子尚有余味，黑还需要在右边补强。本图两分。

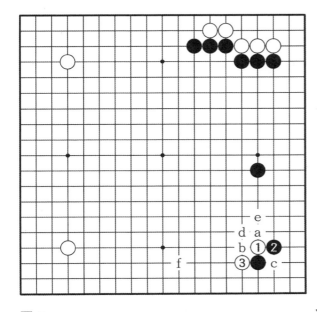

图 9

图9 白1碰是必须想到的一手。

这手棋就是导致中国流布局（不论是高中国流还是低中国流）逐渐被棋手抛弃的原因。这一点在前作中做了详细讲解。

黑2扳，白3外扳。接下来黑a，白b，黑c粘，白d，黑e，白f拆三，本图白可以满意。最近的研究认为——

135

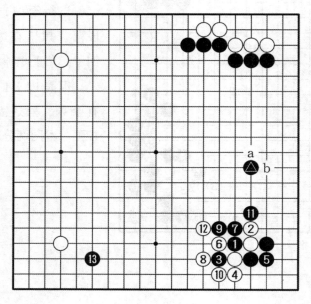

图 10

图10　黑1断吃、3打吃、5粘是强有力的抵抗。黑3打吃是为了防止白6征吃。

白6、8吃掉黑一子，黑9、11吃掉白两子，本图黑满意。白12虎告一段落，黑棋获得先手，在左下角挂角抢占大场。

黑棋吃掉白两子，角上实地极大。这是黑棋可下的原因。

同时黑△所处的位置，棋形虽然不如a位，但这是因为本图的进程决定了黑△存在的价值。这一点不可避免。

白4若在5位断吃，黑4位提好形。

想到了黑棋如本图的应对之后，对高中国流的看法也出现了改变。

黑△若在b位，棋子位置太低。这样容易被对手压缩成凝形，所以对于低中国流的评价仍然没有改变。

第三章　围绕占据角地的最新研究

第三章的内容是"占角"。

首先小目的四种守角方法分别是小飞守角、一间跳、大飞守角和二间跳。本章将针对四种方法各自的优缺点，以及曾经受欢迎的小飞守角淡出人们视野、原本只是趣向下法的二间跳流行的原因等内容进行讲解。

另外还会提到星位占角，用一手甚至两手棋守角之后的棋形还有哪些后续手段。

针对一些曾经的常识性下法，评价出现了惊人的反转，令人惊叹。

问题 22

小飞守角的最新研究

黑1小飞守角。曾经说的小目守角指的就是小飞守角，几乎是唯一的选择。

但是近年来这样的想法出现了变化……

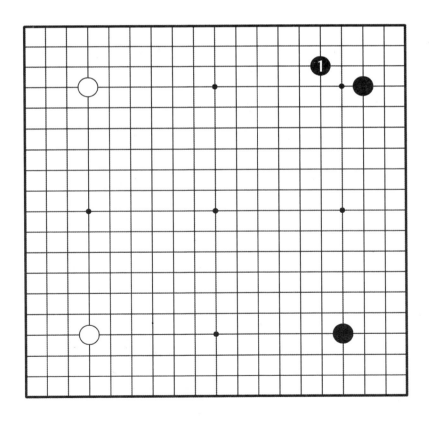

小飞守角的优点是棋形坚实。

可以确保角上实地是小飞守角的优势，这一点是其他守角方式都无法与之比较的，所以喜好实地的棋手都酷爱小飞守角。职业棋手中至今也有很多喜好小飞守角的棋手，虽然出现频率在减少，但绝对不能认为这个下法不好。

那么为什么曾经大受欢迎的守角方法如今人气下滑了呢？当然因为受了重视棋子效率的AI影响，小飞守角的不足之处是——

棋形空间不大，如果变成凝形。

图1　白1挂角、3碰目的就是让黑棋变成凝形。

黑棋有各种应对方法，举例说明——

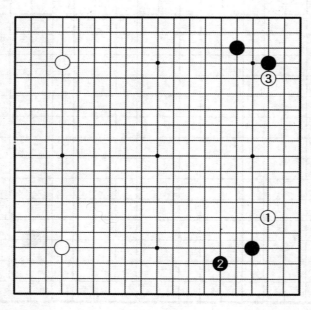

图 1

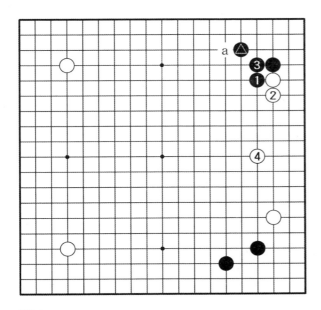

图2 黑1、3应对，白4拆边。白右边棋形舒展，黑▲略显重复，若在a位还可以接受，那么黑3如果——

图2

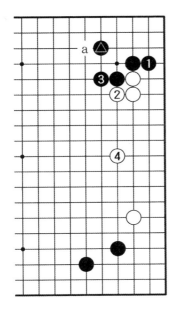

图3 黑1、3的话，还是黑▲一子的位置不够满意，若在a位则可下。将黑棋变成凝形是此时AI的行棋思路。

我也赞成这个见解，但是黑棋应该有一点不满才对……

既然了解小飞守角棋形坚实的特点并选择这样下，就应该对此变化有所准备。略显重复可以忽略不计，只要满足角上棋形坚实即可。

图3

141

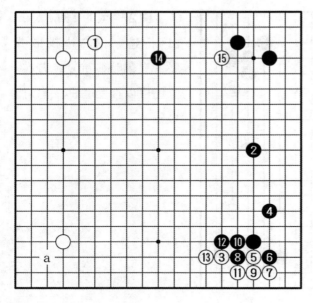

图4

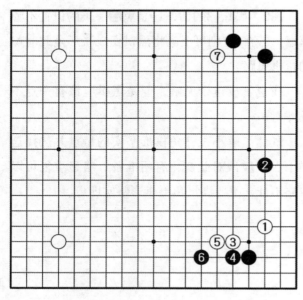

图5

图4 白1小飞守角，黑2、4以小飞守角为中心开始扩张模样并不是好选择。白15是侵消的绝好点。

黑2可以在a位点三三继续实地路线，实现小飞守角的意图。

接下来看看右下角是小目的局面。

图5 白1小飞挂角，以前认为黑2夹击与右上守角棋子搭配满意，但现在白3至黑6局部告一段落之后，白7肩冲是绝好点。因此对本图的评价变成了黑稍有不满。

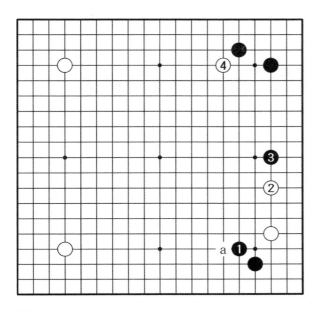

图6

图6　黑1小尖或者a位小飞应对，白2拆二，黑3逼住。此时白还是4位肩冲。

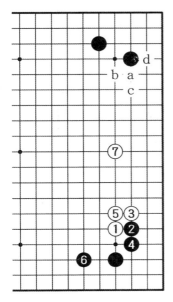

图7

图7　AI将曾经一度淡出的白1一间高夹重新带到人们面前。

黑2、4托退，白5粘、7拆三棋形充分。白7还可以在a位碰，黑b扳，白c长，黑d立，白7拆边。

总结以下，如果选择了小飞守角就不要关注棋形，而是要将实地路线贯彻到底。

问题 23

大飞守角的最新研究

黑1大飞守角如今被认为是棋形均衡的下法。

在大飞守角、小飞守角、一间跳、二间跳这四种守角方法中，大飞守角能够均衡各种特点，接下来就展开进行讲解。

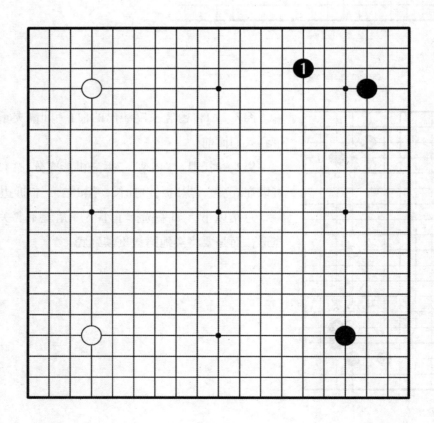

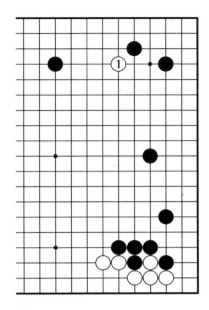

图1

在占据实地方面虽然不如小飞守角，但是要比二间跳更好些，获取模样不如一间跳、二间跳的发展性，但又不是小飞守角那样过于重视角地。这就是大飞守角的特点。

先说说"发展性"。

如上题所说，如果以小飞守角为中心扩张模样的话——

图1 白1肩冲是绝好点。守角空间不大，白棋就不会担心有帮助对方加强的风险。

那么如果是大飞守角呢——

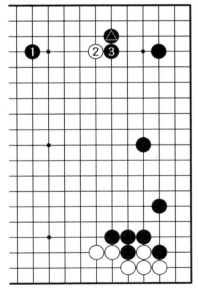

图2

图2 黑1拆边，白2肩冲。此时黑▲占角空间变大，右上角的实地自然有所增加。

可以看出，对手不好侵消就等于具有发展性，这也是大飞守角的长处之一。

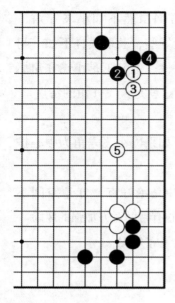

图3

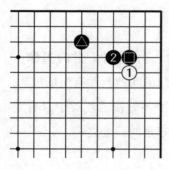

图4

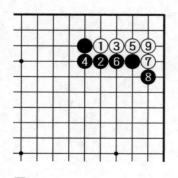

图5

与二间跳、一间跳相比，大飞守角棋子处于低位，发展性还是要略逊一筹，"中庸"也是大飞守角的长处。

图3　本图中的黑棋子配置，白1碰是有利的下法。

进行至白5，白棋右边棋形舒展，黑棋右上角变成凝形。

那么如果黑棋右上是大飞守角的话——

图4　白1碰，黑2长即可。可以理解为黑2星位占角，▲位小飞守角，此时白1明显是问题手。黑■好形。

大飞守角可以让对手肩冲的好手失去效用，不用担心变成凝形。

接下来说说缺点。

小飞守角可以确保实地，但是大飞守角做不到这一点。

图5　白1碰，进行至白9可以简单地破坏黑棋的角地。

既然选择了大飞守角，就要做好这样的准备。

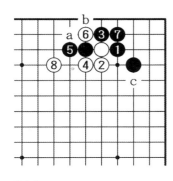

图 6

图6 黑1、3虽然可以确保角地，但被白4至8轻松整形。

黑7若在a位打吃，白7，黑b，白c腾挪，白好。

最后来看看最近流行的序盘手段。

图7 白1挂角，黑2守角，交换之后白3碰是应对大飞守角的有利下法。

图8 进行至白16告一段落。白棋在右边形成模样，双方可下。

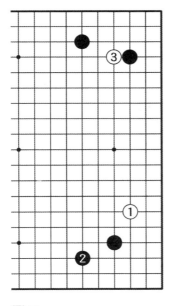

图 7

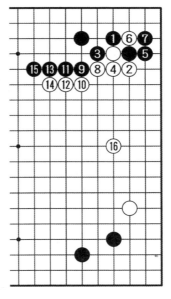

图 8

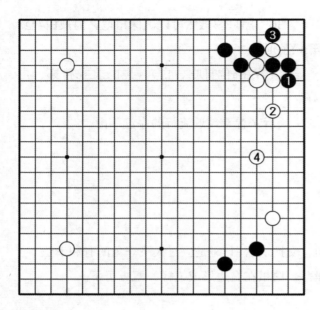

图 9

图9 黑1与白2交换，黑3补角。白4拆边，浪费。

黑棋守角面对白棋碰——

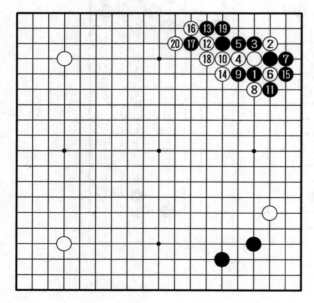

图 10

图10 若黑1外扳，白2在三三内扳会演变成复杂的棋形。

进行至白20告一段落，现在已经基本上被认定为定式。

问题 24

一间跳的最新研究

目前黑1一间跳在对局中的出现频率已经高于小飞守角。
我们来再次确认一下两种守角方式的优缺点。

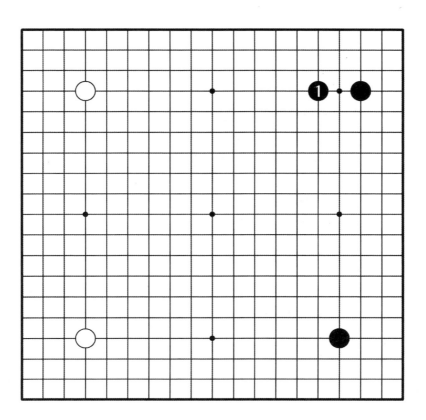

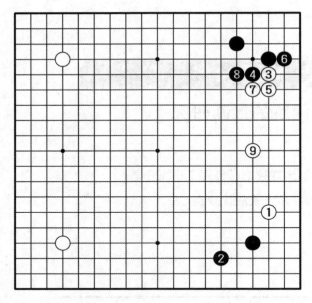

图 1

先来说说一间跳。一间跳的优点是具有一定的发展性。棋子在四线，对手很难侵消或者压缩。

小飞守角的话——

图1 白1、3是有力的手段。黑4至8形成凝形。

白9拆边可以满意——

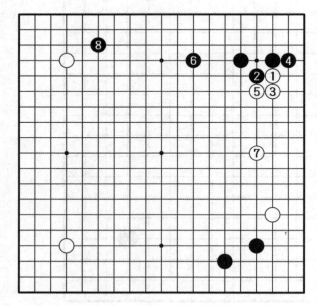

图 2

图2 如果黑棋是一间跳守角，白3至7交换，黑棋获得先手可以占据大场，此时黑棋形明显更为舒展。

可以看出本图黑棋的未来发展要明显好于图1，更适合追求模样的对局。比如——

图3 白1小飞守角，黑2占据大场，白3、黑4以一间跳守角为中心形成两翼张开的棋形。

白5、7是针对一间跳守角的代表性手段。黑8、10是正确应对。白9、11腾挪，黑12、14保持攻势。

在以扩张模样为目的的布局中，对手打入极为正常。请一定保持欢迎的态度。因为，虽然会被破坏掉一部分模样，但通过攻击可以让周围的棋形得到加强。

从本图的棋形来看，黑棋右上模样被破坏，但是右下边的棋形得以加强，同时确保了右上角地。

厚势不是用来围空的——有了这样的觉悟，围棋水平会得到大幅度的提高。

一间跳的短处其实并不明显。

曾经一度遭到抛弃的一间跳最近开始逐渐受到重视，这就是因为一间跳所谓的缺点其实微不足道。

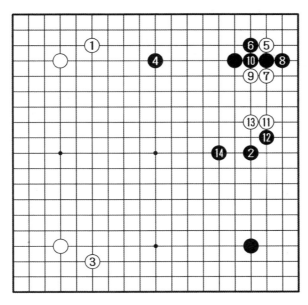

图3

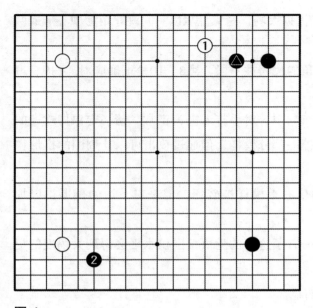

图4

图4 此时白1逼住，黑没有好的补角手段。

其实此时可以换个思考角度：黑⚫与白1的交换就是黑好。这样一来就不用担心白棋破坏右上角了。

从全局来看，右上角并不重要，发展性是一间跳的最大优势。

AI的思考是，既然一间跳占角空间不大，那就可以考虑将其变成凝形。因此AI选择——

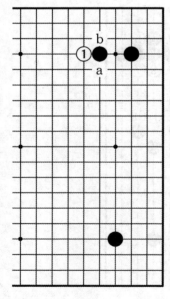

图5

图5 白1碰是常见的下法。黑若在a、b位应对，已经有被利的感觉。所以——

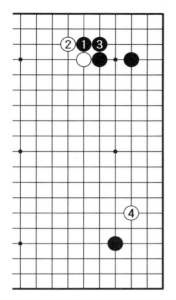

图 6

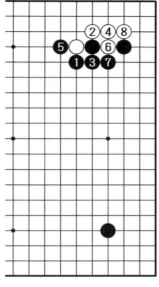

图 7

图6 黑1、3结果相同。那么黑棋的应手应该是——

图7 黑1上扳是最有力的下法。白2下扳，黑3粘，白4长，黑5打吃。

白6、8进角——

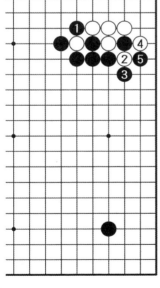

图 8

图8 黑1提掉白一子，白2、4吃掉黑一子，进行至黑5是最新的定式下法。

问题 25

二间跳的最新研究

黑棋选择二间跳。

二间跳以前被认为无法确保角上实地，是棋手们敬而远之的下法。现在观念开始改变，成为超受欢迎的守角方法。

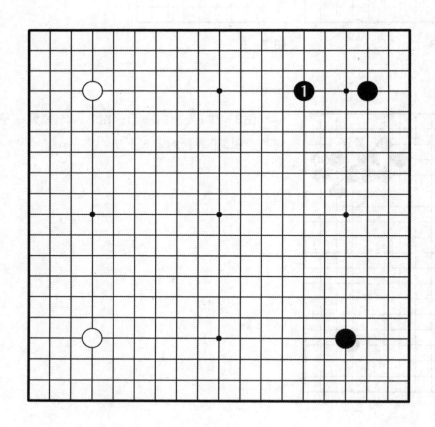

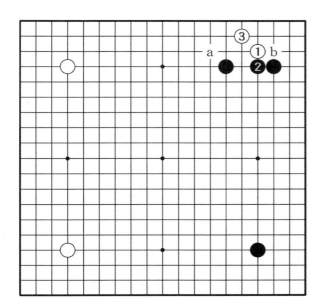

图 1

图1　白1、3简单地破掉黑棋角地。

黑a尖，白b可以获得角地。

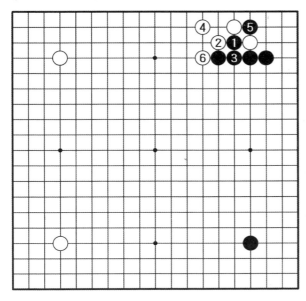

图 2

图2　黑1至白6是一种变化。

以前认为角上留有这样的后续手段，黑棋不满。现在则认为二间跳有可以弥补角地不足的优点。

这也是如今二间跳大受欢迎的原因。

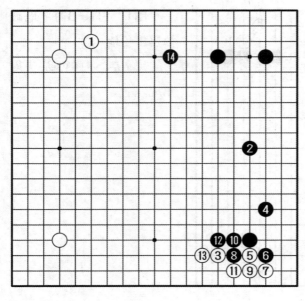

图3

二间跳守角的优点有两个，分别是不会变成凝形和具有发展性。

二间跳步幅大，不会像小飞守角或者一间跳守角那样被对手变成凝形。

现在的围棋十分重视棋子的效率，二间跳的优点非常关键。

另外二间跳棋子处于高位，非常适合扩张模样。

图3　白1至13在下边占据角地，此时黑棋以二间跳守角为中心继续扩张，黑14拆二好手。

图4　白1打入，黑2顶（为了防止白a进角，后续讲解详细变化）、4夹击。黑棋可以通过攻击掌握局势的主动权。

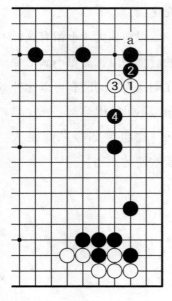

图4

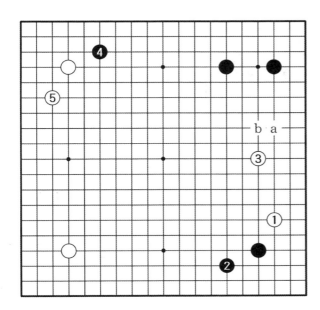

图 5

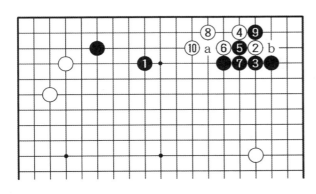

图 6

图5 白1、3如何?

黑a或b逼住都是有利的手段，此时黑4在上边继续扩张也是可选下法之一。

但是白5小飞守角时——

图6 黑1拆边是问题手，棋子搭配不佳。白2、4进行至白10可以破坏黑上边发展，这都是黑1选点导致的问题。

黑5若在a位小尖，则白b角上做活。上边黑棋的模样明显被缩小。

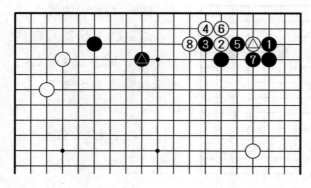

图 7

图7　面对白△打入，黑1挡在角上。白2、4出头，进行至白8，可以看出黑△一子还是位置不佳。

在右边二间跳守角的场合，黑△不是好选择。应该如图3——

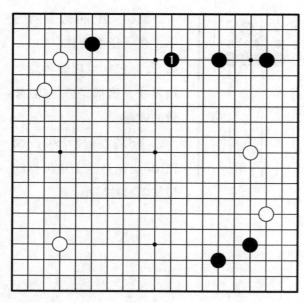

图 8

图8　黑1是好点。

这手棋是在二间跳守角之后的后续手段，适用于几乎所有局面。请一定要牢记。

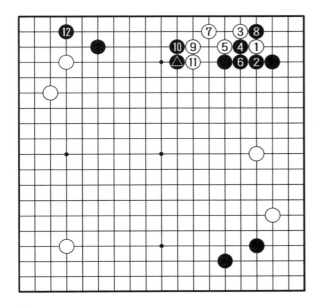

图 9

图9　此时白棋还有1位的手段，但因为黑▲一子的存在，此时白只能9、11委曲做活，进行至黑12，黑可以满意。

接下来说说二间跳守角的不足之处。如之前提到的那样——

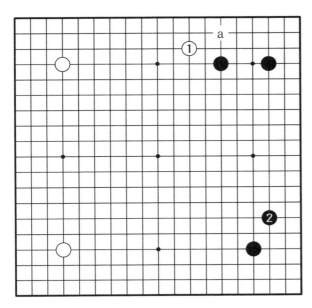

图 10

图10　二间跳守角无法守住角地。白1逼住，虽然黑a可以守角，但交换有被利之嫌。所以黑2会在其他地方抢占大场。

接下来——

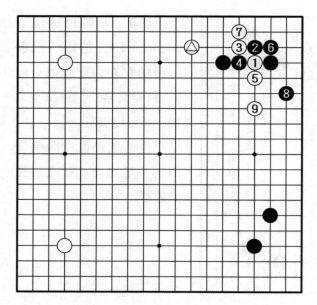

图 11

图11 白1碰是白△既定的后续手段。黑2扳，白3连扳，变化复杂。

后续是双方可下的互攻局面，黑棋不用特意避开本图的变化。

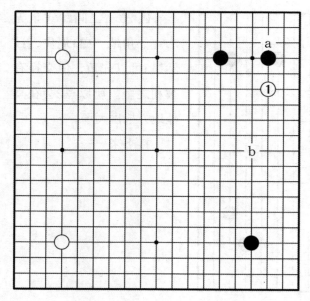

图 12

图12 白1逼住也是好点。

后续白还可以a位进角。若是黑棋在右边b位一带没有棋子，此时没有合适的应对手段。

问题 26

不担心后续手段

黑棋星位、小飞守角的情况下，如果想在局部继续落子一般不会选择黑1小飞。这个棋形被认为是棋子效率不佳的典型。

但是现在——

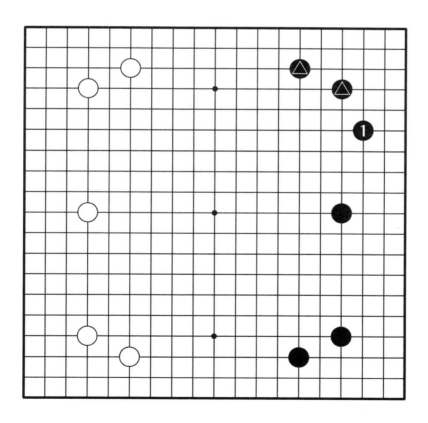

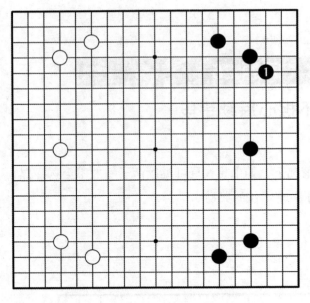

图1

AI启用了原本不受欢迎的棋形，让我们一起来探讨背后的原因。

AI思考方式的重点是棋子的效率，那么行棋的目的就是让自己的棋子最大限度地发挥作用，同时让对手的棋子变成凝形。

看看曾经的好形——

图1 黑1小尖守角被认为棋形重复。AI认为花三手获得角地效率不高。

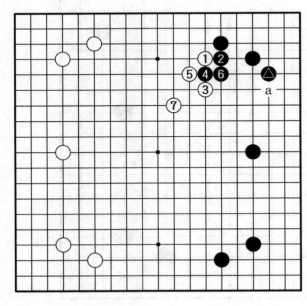

图2

图2 白1肩冲进行至白7告一段落，黑棋角上棋形有重复之感。

黑△若在a位可以满意，所以AI推荐黑a小飞守角。人类棋手也开始认同这一观点。

黑a小飞守角之后——

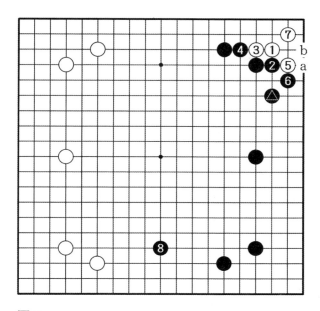

图 3

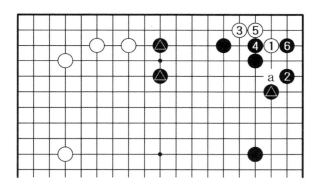

图 4

图3　白1有点三三的后续手段。黑2挡，进行至白7虎，后续黑a打吃，白b做劫。以前的理解认为白棋角上留有劫活，这就是黑△棋形不佳的证明。

但是从AI的思考角度可以理解为黑△至白7做了交换，黑棋在这个过程中棋形得到了加强。角上虽有劫活，但黑棋获得了外势可以满意。还有一点，黑棋获得了先手，可以在其他地方抢占大场。

这就是AI强大的原因。

即使白棋留有点三三的后续手段——

图4　如本图，若黑棋在上边还有黑△等援军，那么白1点三三，黑2至6可以考虑净吃。

若想要确保角地，黑a守角明显要比黑△坚实。那么换个角度理解，黑棋的棋形在成为实地时所得也更多。

接下来——

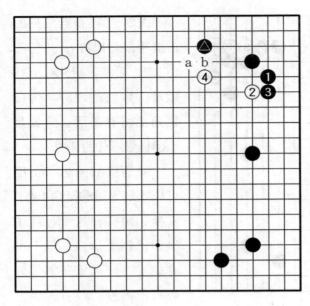

图5

图5 黑△大飞守角、黑1小尖的棋形如何呢？白a肩冲，黑b挡，棋形明显好于小飞守角，黑可以满意。

但白棋仍有轻灵侵消的手段。比如白2、4。

AI还是觉得右上角的实地并不足惧。

所以——

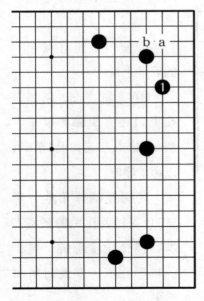

图6

图6 现在普遍认为黑1小飞是好手。

若白a点三三，黑b挡，还原图3的局面。

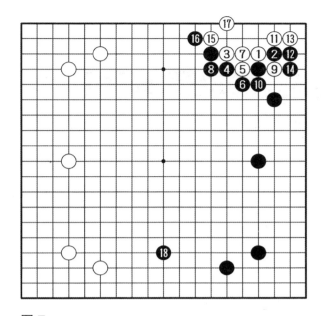

图 7

图7 白1、3试图破掉黑角地，黑4至白17，白可以净活。

与图3的思路相同，黑棋在右上获得厚势并且抢占到18位的大场，黑可下。

问题 27

不是本手？

来看看黑1至白4之后的变化。

曾经是常识性的下法，如今被抛弃（如之前的问题所示），本题也是其中之一。

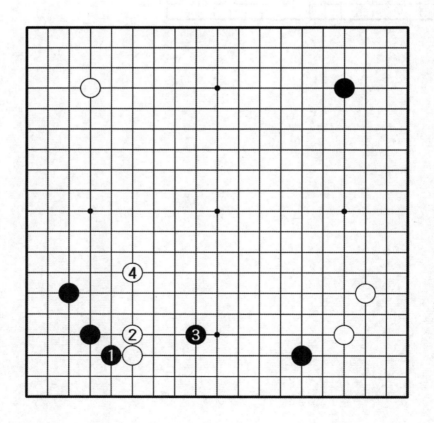

先来学习局部棋形的基础知识。问题图中的黑角有哪些问题？

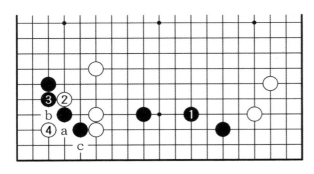

图1

图1 黑1在下边拆边，白有2、4的手段。

接下来若黑a、白b断严厉。黑没有好的后续手段。但是若黑b位粘，白c扳，黑仍然不满。

为了避免出现本图的变化，黑棋会——

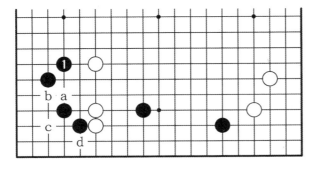

图2

图2 多年以来黑1小尖都被认为是此时的本手。此时若白还是a位靠，黑b，白c，黑d应对即可。

但是最近的对局中已经很少看到本图。虽然我并不认为黑1是恶手……

小尖的下法正在被棋手抛弃是事实，对此我思考了其中的原因。

首先想到的一点是——

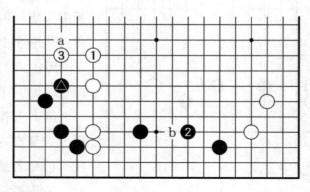

图3

图3 白1跳应对，黑棋就有些难办。

若黑2在下边补强，白3在左边跳封锁。黑左下角味道不佳，虽然白棋不会立即在角上落子，但是一旦后续白棋外势厚实，就成为黑棋的隐患。

黑▲虽然起到了加强角部的作用，棋形坚实步调略缓。虽然我认为黑▲是局部可选择的下法，但是在重视快速行棋的AI看来，步调缓慢是扣分点。很多棋手也赞成这个观点。

黑2若在a位拆边，则白b打入。

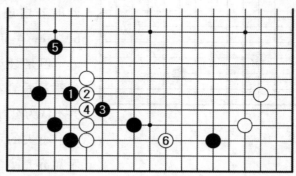

图4

图4 黑1、白2交换之后，黑3刺意在将白棋走重。本图也曾一度流行。

但是现在这样的下法也逐渐淡出。原因是黑5大飞出头之后，得到强化的白棋获得先手，白6打入严厉。

最近黑棋的应对方法是——

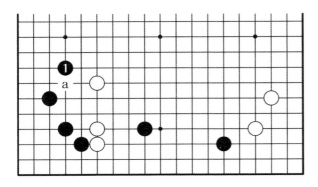

图 5

图5 黑1在左边小飞出头是目前的主流下法。

与黑a小尖相比，行棋步调更快。当然自身也有不足之处——

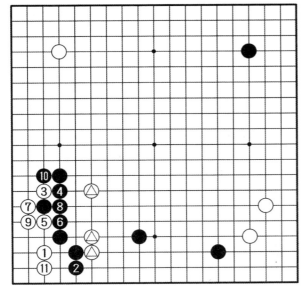

图 6

图6 白1可以点三三。黑2立，白3、5至11局部做活。但是这样一来白△外围数子变薄，白棋不能轻易选择本图。所以——

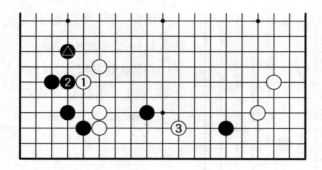

图 7

图7　白1与黑2交换加强自身棋形，之后白3打入。

白棋打入严厉，但黑棋在左下实地所得和黑△棋形舒展，黑也可以满足。本图两分。

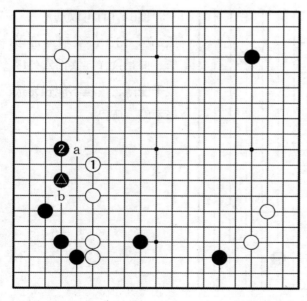

图 8

图8　若白1跳，黑2跳或者a位小飞应对，可以看出黑△的行棋速度要好于b位。

黑角如上页变化图中所讲，白还有点三三的后续手段。但白棋要在角上做活就要付出代价，黑棋会在外围筑起厚势。对于白棋来说也需要再三斟酌落子的时机。

对于黑棋来说"虽然角上有被破空的可能，但是一旦成空目数惊人"，这也是目前流行的思考方式。

问题 28

对手逼住如何应对

面对黑1，以往白棋的下法是白A或者B、C位。

但是最近白棋的应对思路出现了改变。

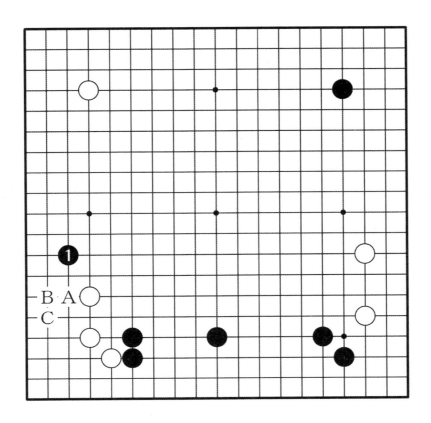

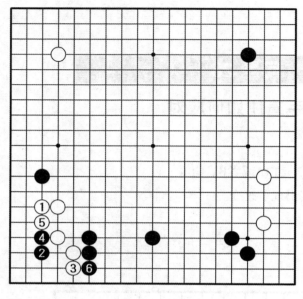

图1

先来看看以前的下法。

图1 白1立角部味道不佳。黑棋不会立即动手，一旦时机成熟黑2点三三、4爬与白5顶交换，黑6挡。此时白棋很难办。

虽然白棋可以吃掉黑两子，但不论怎么下都会被黑棋利用。

因为有黑2至6的后续手段，所以白1已经不多见。

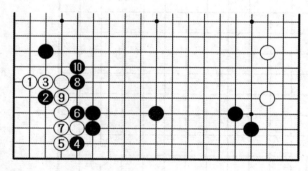

图2

图2 白1跳，这样黑棋没有点三三的后续手段。

但此时黑有了2位刺等多种借用手段。黑4、6先手利，8、10封锁是其中一种。明显白不满。

黑2还可以——

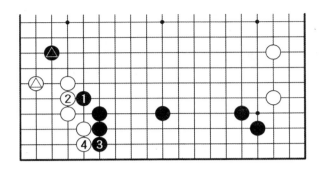

图 3

图3　黑1、3交换，白棋也有被利之感。

白4补角之后可以看出黑▲与白△的交换，黑棋可以满意。

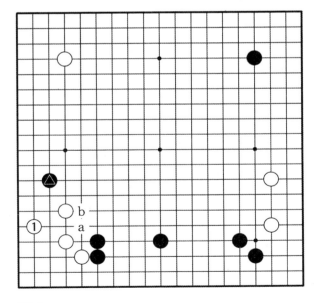

图 4

图4　白1小飞是优于图1和图2的下法。

在确保角地的同时，棋形舒展。后续若黑a刺，白可以b位反击。

但是面对黑▲，白还有被利之嫌。这一点不可否认。

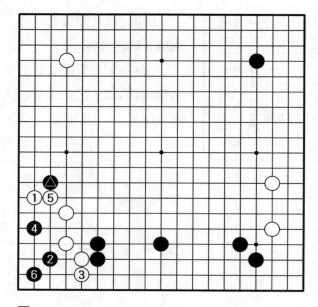

图 5

前面提到的三种应对方法，白棋都有不满——

图5　白1是此时的好手。

虽然黑2点三三之后4、6可以简单地在角上做活，但白3立也给黑棋下边的模样带来了影响。黑△与白1的交换也明显是白好。

换一种思考方式——

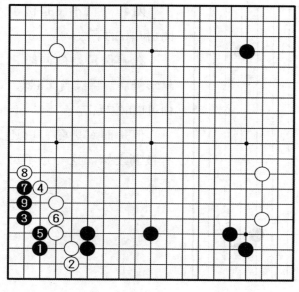

图 6

图6　可以与黑1直接点三三的变化进行比较。

角上黑棋做活的棋形相近，但白棋外围的厚势有明显不同。对比之下可以看出，图5黑△成了明显的恶手。

黑棋放弃点三三——

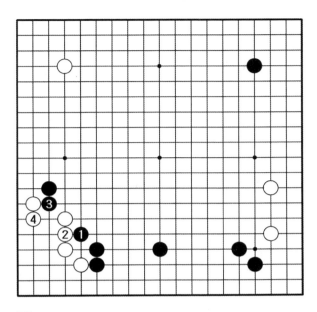

图 7

图7 黑1、3在外围利用，白2、4简单应对即可。这样白棋角地得以保全，白无不满。

以上是面对黑逼住的时候，白棋如果补角的正确下法。目前最流行的是——

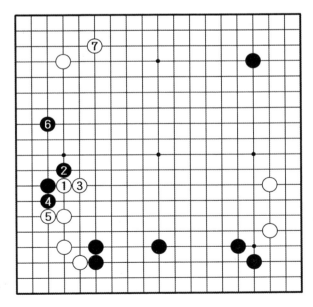

图 8

图8 白1、3压长。黑4长，白5挡自然确保角地。

与图1相比，白棋可以出头。黑6、白7之后告一段落。局部两分。

黑4如果——

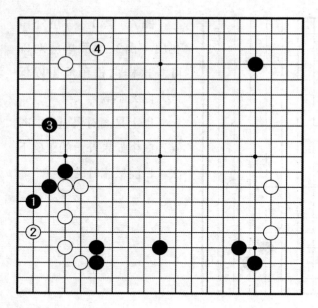

图9　黑1也可以小尖，白2小飞守角。白棋的棋形优于图4，还是两分。

图9

第四章　最新定式的后续研究

第四章 最新定式——探寻变革之路

第四章中将为各位读者介绍各种最新定式。

定式的进化、发展有时候像小朋友之间玩的拍手游戏。比如发现了黑棋的好手，所以得到了局部黑棋有利的判断结果；结果下次又找到了白棋的应对之法。然后轮到黑棋再去破解，如此循环往复，似乎没有终结的一日。

所以很多曾经被认为"不太好"的定式也许后来找到了更好的应手，结果就变成"可战""两分"。本章就以这些定式为主，来和各位读者一起探寻变革之路。

问题 29

为了不会被利

前作和本书中都反复提到了该棋形"白1飞压，黑2、4应对，白无不满"。

本题中将深入研究，看看白5、7压之后的变化。

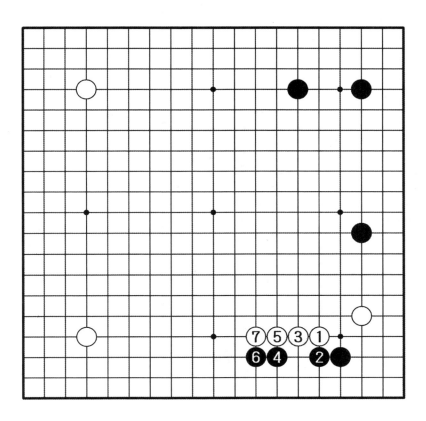

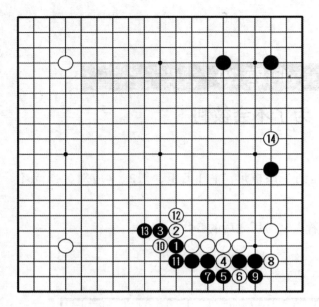

图1

问题图中的白7之后——

图1　黑1扳、白2扳交换，进行至白14告一段落。这是以前的代表性定式。

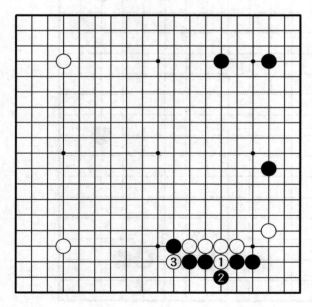

图2

图2　白1、黑2之后白3断也是有利的手段。

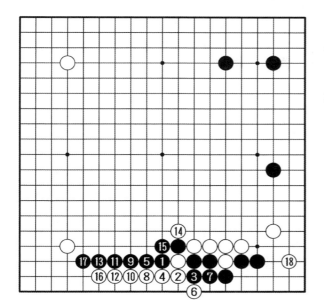

图 3

图3 黑1、3下打,白4拐出头。进行至黑17形成了转换。白18小飞准备吃掉黑角上数子。

黑棋无法局部做活——

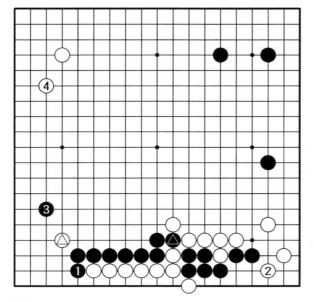

图 4

图4 黑1拐、3小飞挂角。

白△一子受伤,但是右下角吃掉黑棋实地所得极大,本图白好。

对于这样的变化图,以前的评价其实是黑好,如今因为AI评价反转。

也就是说站在黑棋的角地,黑△扳过分。

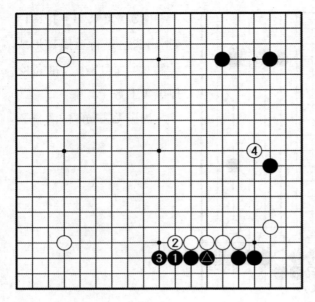

图5

图5 虽然也要考虑到具体的棋子配置情况，但此时可以得出"黑1长稳健"的结论。

白2压、黑3长交换，黑棋子处于低位，本图的情况是白4肩冲好调。

感觉到黑棋被利之后，很多棋手开始思考变化。黑△小飞出头——

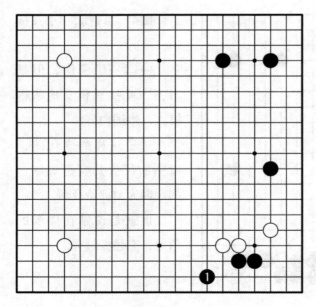

图6

图6 黑1小飞成为目前的主流下法。

看起来黑棋子位置更低，有被白棋继续压缩的可能。

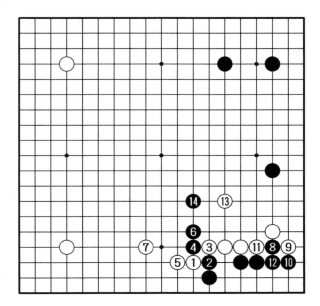

图7

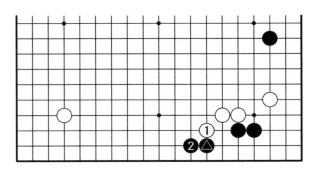

图8

图7　白也许可以1位飞压，但此时黑会2、4冲断反击。

进行至黑14是预想图，与图5相比，黑棋更愿意选择本图进行战斗。我个人是觉得白棋可下……

白1还可以——

图8　白1尖顶，黑2长。虽然黑棋在二线连走两子，但考虑的根据是，这样一来不会让白如图5那样形成厚势。

黑●小飞还需要注意一点，那就是白棋还可能脱先他投。

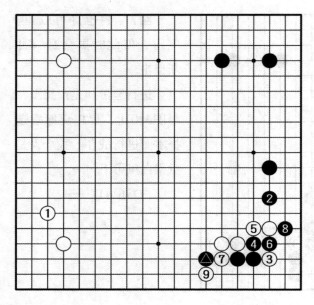

图 9

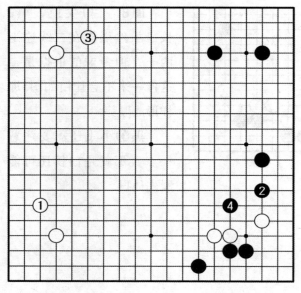

图 10

图9　若黑△跳，白1脱先，黑2逼住，白3托进角。

接下来黑4、6冲断，白7反冲好手。黑8扳吃掉白角上一子，白9形成外围厚势，转换白成功。

若黑△在9位小飞，则白没有3位托的腾挪手筋。

图10　本图中白1小飞守角、黑2逼住之后，若白3继续脱先的可能较大，接下来黑4是有力的攻击手段。

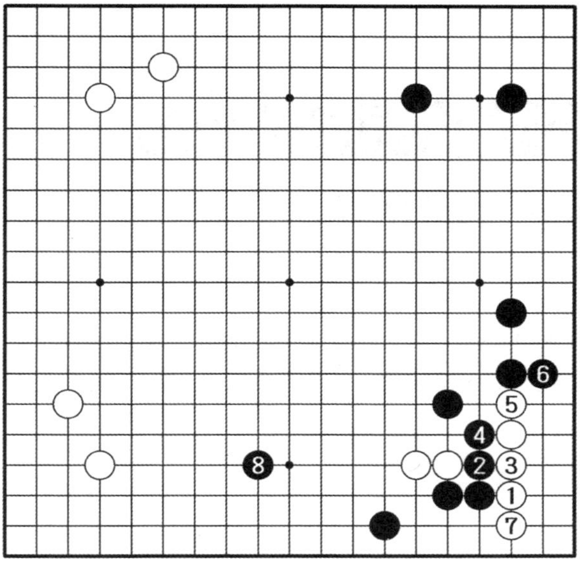

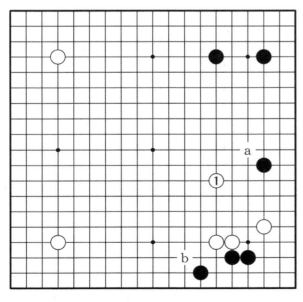

图 11

图11 白1托、3腾挪，黑4分断外围厚实，黑可满意。

那么黑在二线小飞，白想要继续在局部落子的话——

图12 白1跳是好感觉，接下来a、b两点见合。

图 12

问题 30

面对飞压的抵抗

继续上一题，此时黑1小飞挂角。

在本图的情况下，黑1小飞挂角，白2挂角，黑3飞压。此时白A爬不是好选择。

先来看看周围棋子配置的情况。

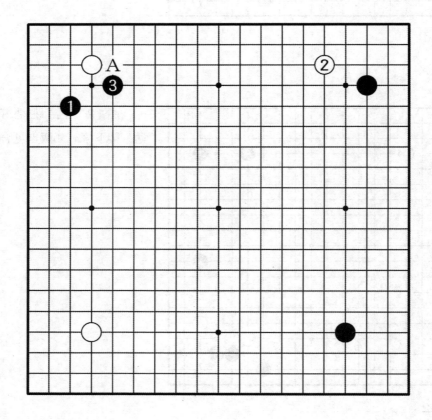

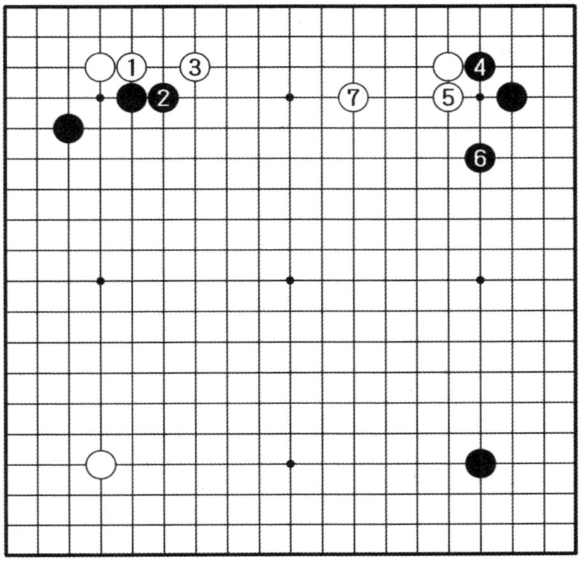

图1

图1　为什么白1爬不好?

黑2长，白3跳出头，接下来黑4、6在右上占角，白7拆二——

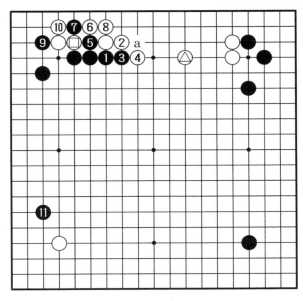

图2

图2　黑1、3压头。此时若白a长，与白△棋形重复。白4扳反击，此时黑5、7冲断之后黑9托角获利。

可以看出此时上边白棋形重复，这就是白□爬的问题所在。

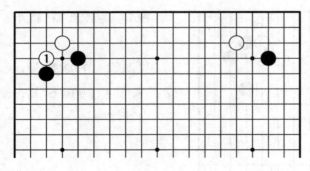

图3

白棋不能爬，那么——

图3 白1小尖是一种选择。

这手棋也是本题的主题。

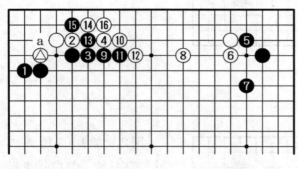

图4

图4 若黑1立，白2爬、4跳出头。

黑5至白16告一段落，看起来进程与图1、2相同，但此时黑棋没有了a位托的先手利。这就是白△与黑1交换的效果。

两者差距实在太大，黑1不可取。

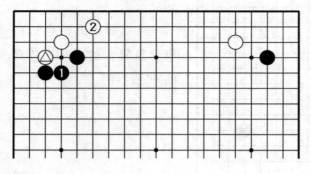

图5

图5 黑1长，棋形坚实，但白2小飞，白可以满意。

通过白△与黑1的交换，白棋获得了角地，那么黑棋希望能够如图2中的1、3那样获得一定的外势。

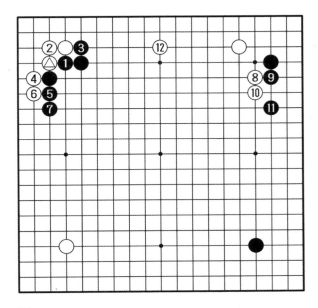

图 6

图6　黑1挤、3拐的下法行棋速度不佳。白4扳与黑7交换之后获得先手，白8至12在上边拆边，本图明显白好。这就是白△尖顶的意义。

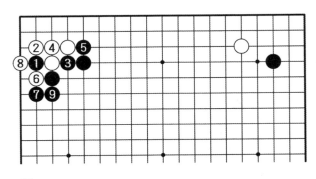

图 7

图7　黑1扳是有力的应对，白2、黑3交换之后，黑5拐。白6、8吃掉一子，黑9粘告一段落。

左边黑棋完全封锁，明显好于图6。这一点白棋也稍有不满。

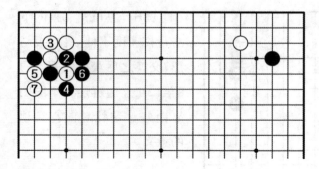

图 8

图8　白1扳反击。

黑2、白3之后，黑4征吃。白5、7断吃获取实地。

图4若——

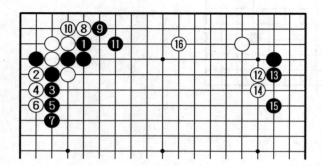

图 9

图9　黑1拐反击。

白2断吃进行至白10，局部抢到先手，白12飞压价值极大。

本图与图6的结果大同小异，黑不满。

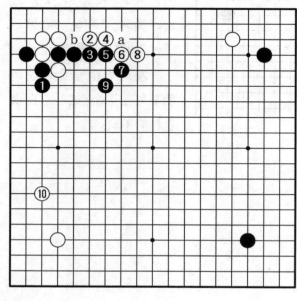

图 10

图10　黑1长也不是好选择。白2跳是强硬的好手。黑3、5压，白6扳头。此时若黑a断，则白b粘即可。

黑7、9扳虎整形，白10大飞守角。黑速度落后。

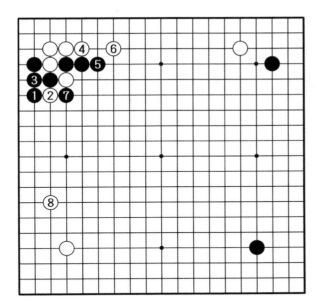

图 11

图11 黑1虎是此时最稳妥的应手。白2打吃先手，4、6在上边出头。黑7断吃告一段落。黑棋外势厚实，白8抢得先手，两分。

白4如果变着——

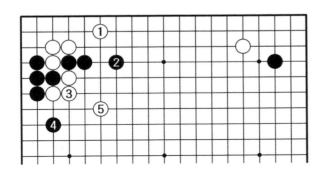

图 12

图12 白1小飞出头。

黑2跳至白5是预想图，后续双方会在中腹形成战斗。

191

问题 31

夹击方法的改变

AI登场之前，面对星位小飞挂角的夹击方法首选黑A一间低夹和B二间高夹。

如今考虑到周围棋子配置的情况，白1三间高夹成为主流下法。

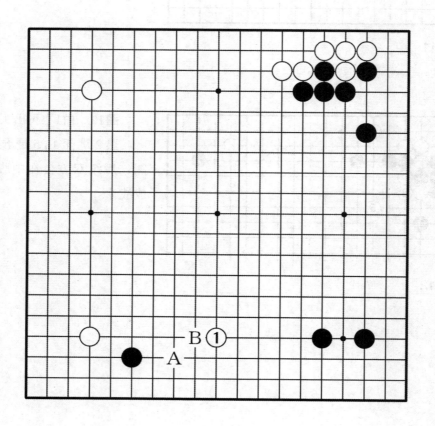

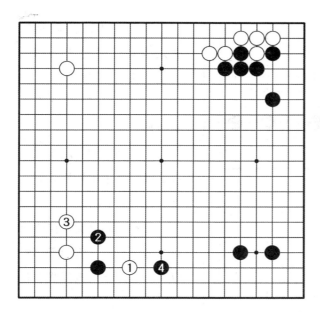

图1

三间高夹如问题图所示，在黑棋右边有模样的情况下出现较多。

首先来解释一下白棋的思路。

图1 若白1一间低夹，黑2、4绝好。接下来双方互攻，周围皆是黑子，战斗明显白棋不利。

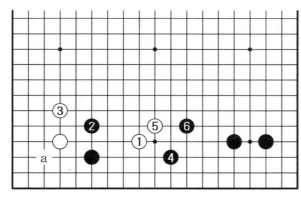

图2

图2 白1二间高夹，黑还是2、4应对。白5、黑6交换之后，还是白棋不满的局面。

二间高夹时，即使黑2在a位点三三，可以看出白棋子搭配也不够舒展。所以如今二间高夹的下法已经逐渐淡出。

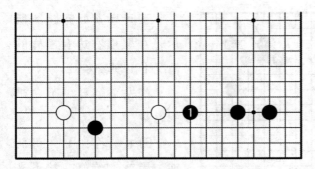

图 3

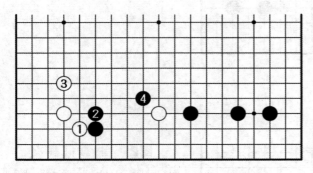

图 4

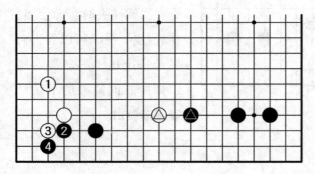

图 5

问题图中三间高夹曾被认为是让子定式一样的下法，并不是好选择。如今三间高夹开始进入人们的视野。

这是因为AI不断地采用这手棋，终于也被棋手们认为是有力的下法。

面对三间高夹，黑棋有双飞燕、点三三进角等多种应对。不论如何选择都有让白棋达成目的之感。

AI推荐的下法是——

图3 黑1在右边反夹，同时兼顾着右下模样的发展。

图4 白1、3应对，黑4肩冲，后续的战斗黑棋有利——

图5 此时白1小飞守角，黑2、4进角。黑棋就地做活之后，黑⚫与白⚪的交换明显黑棋占优。

所以——

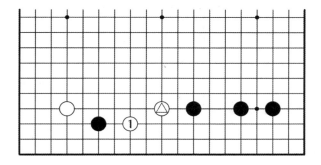

图6 白1夹击配合白△。

图6

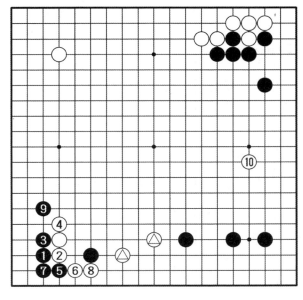

图7 黑1点三三,白2至8应对。虽然白△略显局促,但是好形无疑。

同时获得先手之后,白10在右边抢先落子破坏黑模样,可以满意。

图7

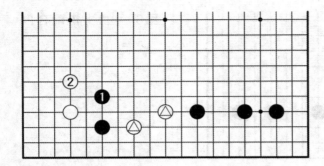

图 8

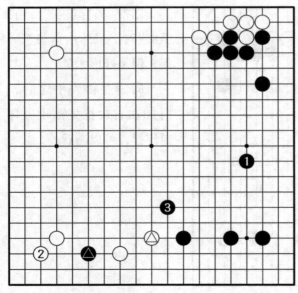

图 9

图8　黑1跳，白2跳，这样一来白△两子的价值更加凸显。

这样白不会如图1那样被攻击。

图9　黑棋脱先抢占1位右边大场。白2小尖占角，黑看轻黑△一子，黑3继续扩张右边模样。

但是这样白△的存在一方面防止了自身被攻击，同时还对黑棋的模样发展起到了限制的作用。本图黑棋还是稍有不满。

那么站在黑棋的角度思考的话——

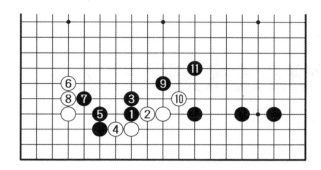

图 10

图10　黑1压，白2顶，黑3长。

白4、6交换之后，黑7先手利。黑9小飞开始攻击白棋。这是黑棋的理想图。

那么白4——

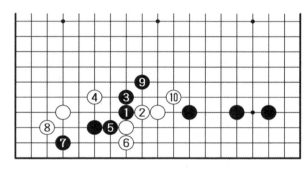

图 11

图11　白4急所。黑9以下形成互攻局面。白棋需要避开图10的变化。回顾图10，面对黑1靠——

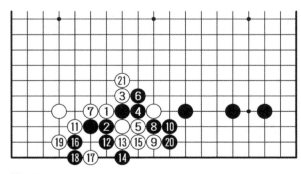

图 12

图12　此时白1扳反击。后续变化有些复杂，进行至白21，基本两分。

图10的黑1后续变化丰富，是后续研究的重点。

问题 32

关于上靠，来自 AI 的惊人见解

黑2靠意在获取外势。这手棋最近已经完全在对局中消失，让我们来共同探讨一下其中原因。

黑棋在下边有黑△棋子配置时，黑2靠效率最高。

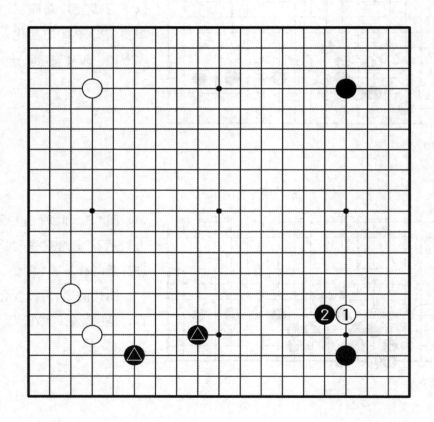

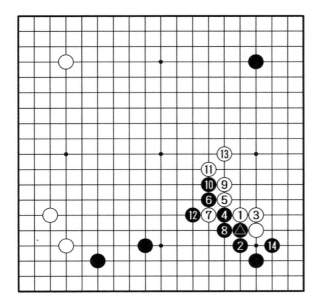

图 1

图1　白1扳，黑2退，白3粘，黑4、6连扳。

黑棋的目的是在下边形成模样，进行至黑14告一段落。黑棋达到了目的。这样看来黑▲是可选下法。

但是，白棋还有对策——

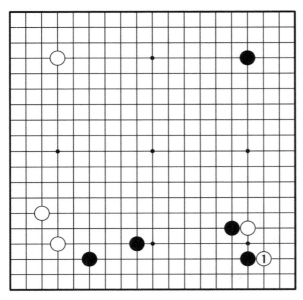

图 2

图2　白1托好手。黑棋的目的是要在下边获得模样——

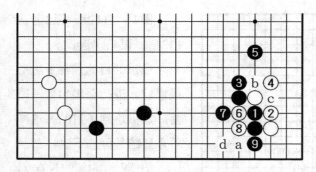

图 3

图3 黑1顶、3长，白4虎，黑5飞封。

白6断，黑7、9弃子，接下来若白a，黑b，白c，黑d，通过弃子获取外势。

这是黑棋的目的所在——

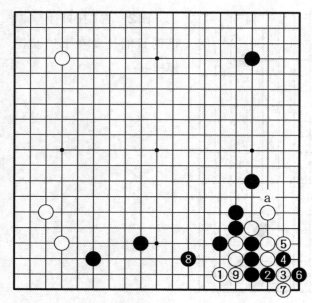

图 4

图4 白1小尖是破坏黑棋外势的手筋，进行至白9是以前的定式。角上黑2至白7的交换是为了让之后黑a尖顶的价值变大。

这是AI出现之前的定式，白棋获得实地，黑棋取得外势，双方可下。但是当时也有棋手认为黑棋不满，图3中的黑7开始变着——

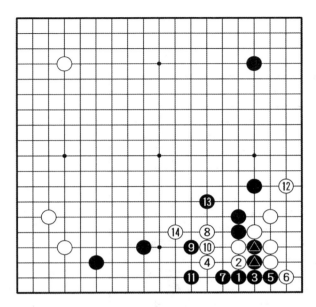

图 5

图 5 黑1小尖试图救回黑△两子。

但是白2、4封锁，黑7、9、11不得已在二线联络，多少有些不满。

那么黑棋的第二种反击手段是——

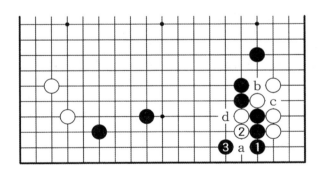

图 6

图 6 黑1立，白2紧气，黑3跳。

接下来若白a冲，黑b，白c，黑d收气，这就是黑3的意图，可以先手将外围变成厚势。但是——

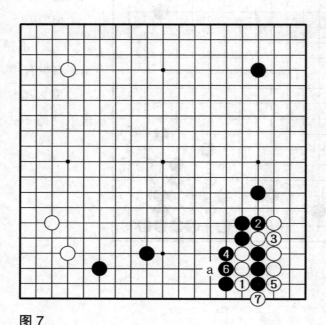

图 7

图7　令人意外的是，AI面对黑棋2、4、6的封锁竟然非常平静地选择了白1。

虽然这是黑棋的理想图，而且与图4对比就可以看出外势更厚势。黑棋应该没有不满。

人类面对此时局部，白1会选择在白a跳反击。但是AI却认为进行至白7，是白棋满意。这个定论让包括我在内的棋手都感到了震惊。

既然AI这样说，那不得不接受。

如果和点三三衍生出的定式进行比较可以看出，此时白棋角上所得的实地明显更大。所以我们的震惊更多是源自人类对于常识性内容先入为主的观念。

本图是白棋好，那么以往认为两分的图4就是黑不满，白大优。因此黑棋上靠的下法就无人问津了。

问题 33

面对夹击小飞进角

面对黑1夹击，一般来说白棋的选择会是白A、B双飞燕或者C位点三三，若是想要动出白△一子会D位跳出。

但是最近白2小飞的下法开始逐渐成为主流。

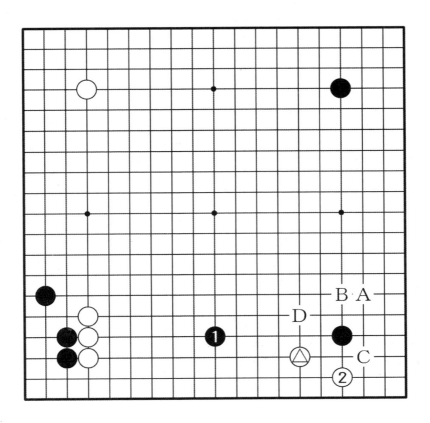

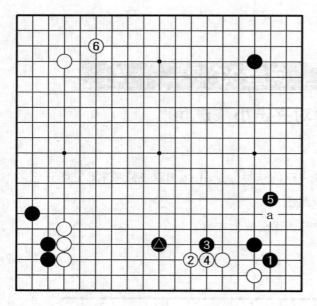

图1

图1 黑1小尖守角，白2拆一确保眼位。

以前的定论是"白2只能拆一空间狭小，黑5可以大飞守角，比a位更为舒展"，因此本图白不好。

但是现在认为黑△的位置不佳，白棋并没有不满，白6获得先手可以抢占大场，应该是两分的局面。

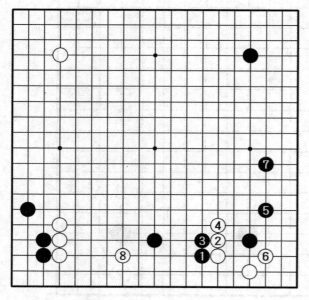

图2

图2 黑1碰也是一种选择。白2跳、4出头，黑5小飞守角，白6小尖获取角地，黑7拆二必然。

白棋先手获取角地，白8获得先手，抢占左边好点，本图明显是白好下。

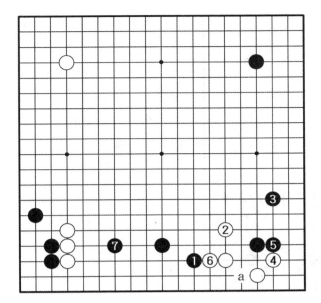

图 3

图3 黑1夹击更为常见，结果要优于上图。为了避免被封锁，白2跳出头，黑3大飞守角。

白4、黑5交换之后，局部黑a严厉，所以白6顶补强。黑7好点，本图黑可以满意。

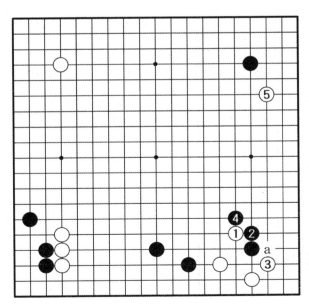

图 4

图4 白1飞压与黑2爬交换，白3获取角地，接下来黑a挡变成愚形。

所以此时黑4扳，白可以脱先他投。白5挂角，局部两分。

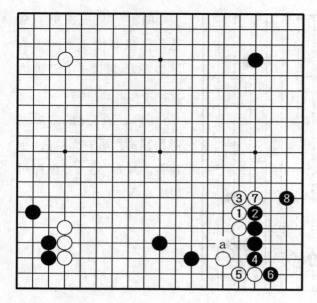

图5

图5　白1长是普通手段，此时是疑问手。黑2、白3交换之后，黑4、6获取角地。后续黑a严厉。但此时白棋也没有好的应对手段，白不满。

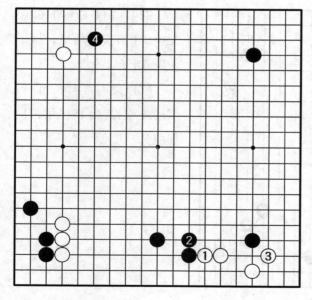

图6

图6　白1顶与黑2交换之后，白3小尖进角。

本图白棋虽然可以确保实地，但先付出了代价（白1与黑2交换，白亏损）。所以不是白棋的首选。

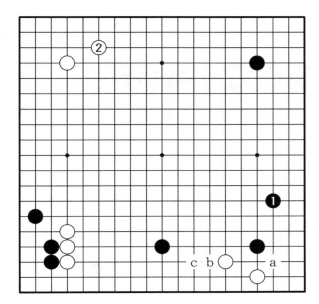

图 7

图7 黑1大飞守角在实战中较常出现。接下来黑有a位守角、b位碰或者c位夹击等选择。

白棋局部已经确保眼位，所以白2先占据其他大场。本图还是两分。

问题 34

一间夹双飞燕的后续变化①

黑1一间低夹，白2高双飞燕，黑3压，进行至白8是曾经一度非常流行的简明定式。

但是如今已经消失得无影无踪。

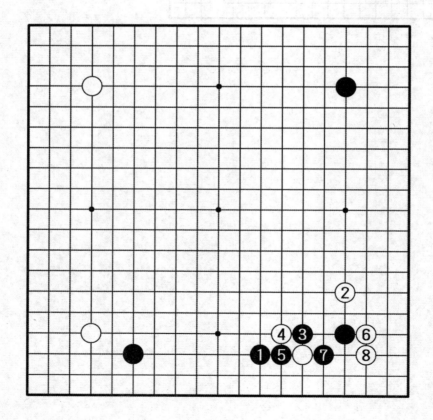

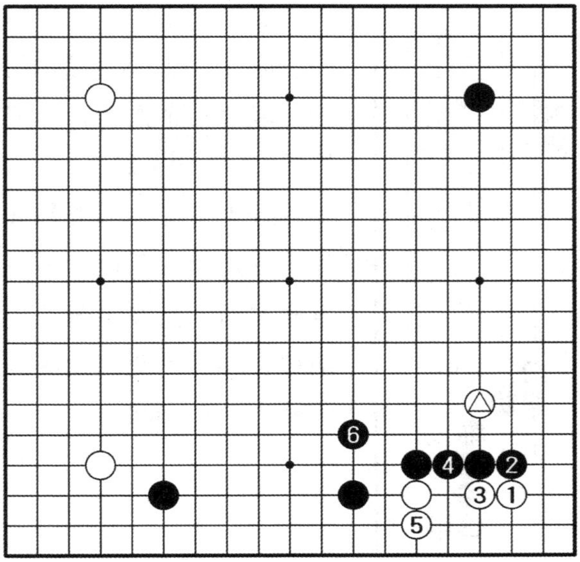

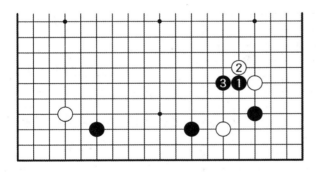

先来说说问题图的定式。对定式的评价是两分，双方都可以满意。

白4可以——

图1 白1直接点三三也曾一度流行。

但是黑2至6之后，白△一子距离黑厚势太近，黑不满。

所以白棋还是会选择问题图的进程，白可下。

这个定式消失的原因是黑棋找到了更有利的下法。

图1

图2 黑1、3压长好手。

图2

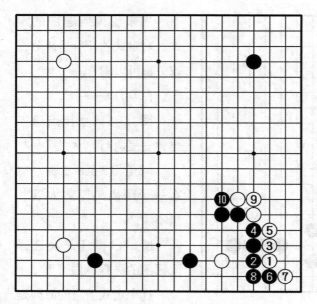

图3

图3 白1点三三，黑2挡，进行至白9粘，黑10拐告一段落。个人认为本图黑棋比问题图稍好。

因此最近黑棋大都选择本图定形，而白棋为了避开本图，高双飞燕的下法被舍弃。因此问题图的定式已经无人问津。

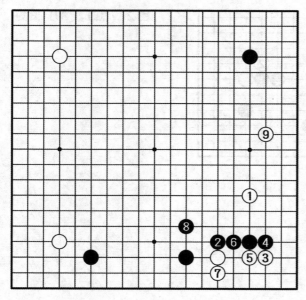

图4

图4 白1二间夹成为替代下法。

这手棋的思路非常明确，若黑2压，白3点三三，进行至黑8告一段落。请将本图与图1进行比较。

白棋距离黑棋厚势更远，这是白棋的得分点。白9获得先手抢占大场，白无不满。

但是白1二间高夹想要成立需要一个先决条件。

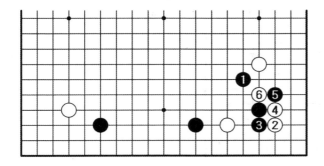

图5

图5 黑1肩冲，白2点三三、4爬，黑5扳，此时白6断是否成立？

这关系到了——

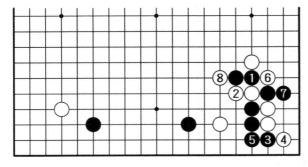

图6

图6 黑1打吃，3、5扳粘之后，白6、8征子是否有利？

如果征子白棋有利，那么黑不能选择图5，只能接受图4的变化。若征子不利，那么图5中的白4会——

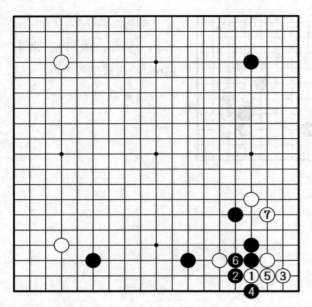

图7

图7 白1扳。黑4打吃、6粘正解。

白7小尖联络——

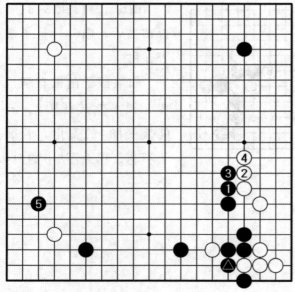

图8

图8 黑1、3先手扩张，黑5双飞燕。棋形厚实，黑无不满。

那么黑△若是——

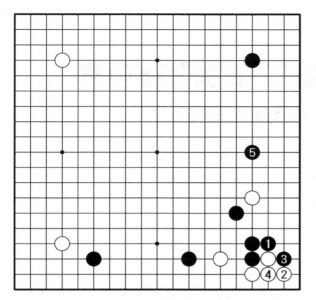

图9

图9　黑1拐也是一种选择。白2、4之后，黑5夹击好点。

面对白二间高夹，黑不选择肩冲，也可以——

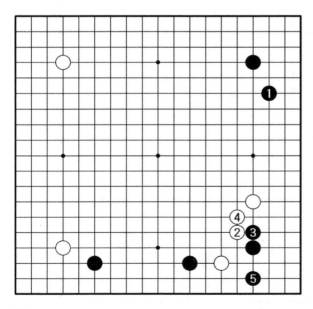

图10

图10　黑1脱先他投同样有利。白是二间夹，即使在局部连续落子，对黑棋的威胁也不大。

白2小飞封锁，黑3、5轻松做活。这应该就是AI的思路了。

问题 35

一间夹双飞燕的后续变化②

上一题中讲解了白棋一间、二间夹双飞燕的棋形。

接下来研究一下白1小飞。这手棋现在非常流行，其中包含了极为复杂的变化。

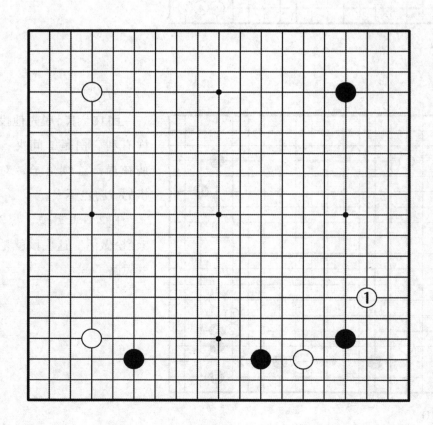

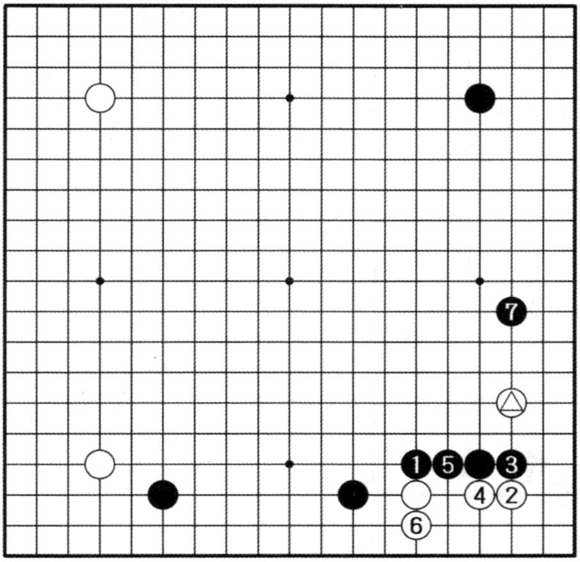

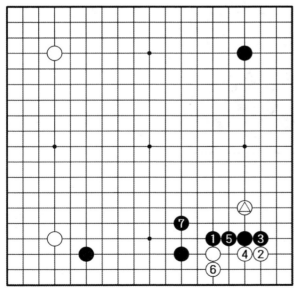

图 1

面对小飞挂的双飞燕，最普通的应手应该是——

图 1 黑 1 压 还 是 首选。

白 2 点三三，黑 3 挡，进行至黑 7 告一段落。

白△距离黑棋厚势太近，这与上一题介绍的一间高夹情况大同小异。

图 2 白△有同样的问题。

最近还有令白棋感到不满的地方——

图 2

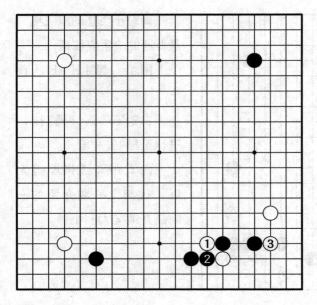

图3　白1扳、黑2断交换，白3托是常见的下法。

这是以前就有的手段——

图3

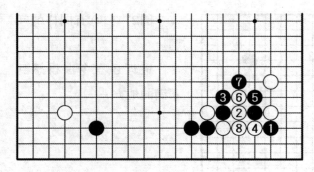

图4　黑1扳，白2打吃、4断吃，黑5长，白6冲、8粘。

图4

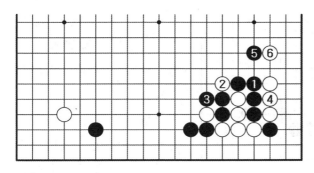

图 5

图5 黑1至白6之后形成了非常复杂的攻防战，本图最终的结论是黑不坏。

该定式本身就是极为复杂的棋形，一旦犯错很难挽回。所以即使职业棋手也会尽量避免。

因此就会出现避开复杂变化的下法。图4中的白4断吃会变着——

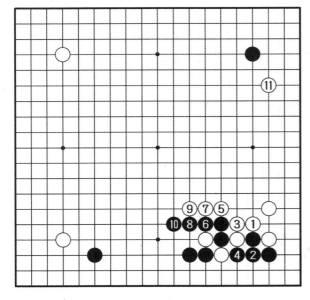

图 6

图6 白1外打是简明下法。在AI出现以前，进行至黑10的变化都认为黑棋实地所得较多，白棋不满。

但是现在来看，白棋获得先手之后，白11可以抢占大场。对本图的评价也变成了两分，但是白更好下。

既然是两分，那么黑棋也可选择本图。当然这并不是说白没有下图4、图5的可能。

如果黑棋想要避开危险，那么图4中的黑1会——

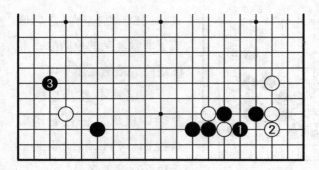

图7

图7 黑1打吃简明。

白2进角局部告一段落。黑3双飞燕抢占大场双方两分。

虽然白棋小飞挂角会有角上的变化，但是双飞燕其实都是着眼于全局，带有战略性的下法。最后来介绍一下这一点。

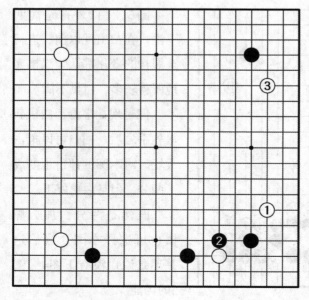

图8

图8 白1、黑2交换之后，白棋脱先，白3在右上挂角。

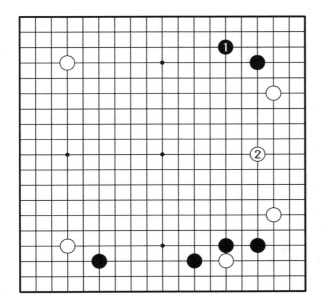

图9

图9 黑1小飞守角、白2拆边。看起来就是普通的应对，但后续来看，不论黑棋如何应对，白棋都可以满意。

作者本人也曾作为黑棋数次面对这样的局面，白棋一旦脱先他投，黑棋并没有好的反击手段。

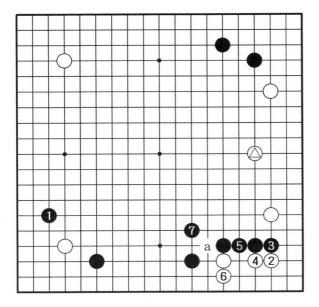

图10

图10 黑1飞抢占其他大场，白2在右下点三三。

黑3至白6，局部做活，其实白棋在△位已经有子，黑棋没有图1那样的攻击手段。

而白棋后续还有a位扳出的手段，所以黑7跳补是必然的一手。白△化解了黑棋的厚势，本图白可下。

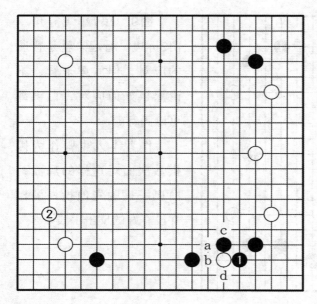

图 11

为了防止白棋点三三——

图11 黑1虎，白2小飞守角，白棋形充分。后续白a，黑b，白c，黑d的交换是白棋的先手利，黑棋形重复。

本图也是白棋满意。

图12 黑1顶，白还是2位点三三。黑3、5分断，白8可以轻松做活。

而且右边已经有白△一子，黑棋厚实的发展受限。

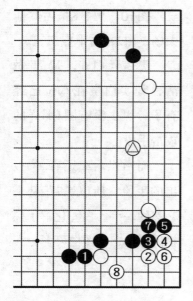

图 12

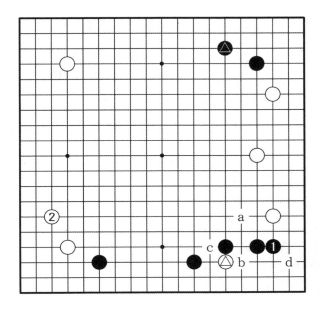

图 13

图13 若想守住角地，黑1立可以实现目的。但这样一来白△一子仍然活力满满，后续会有各种利用。

比如瞄着白△动出，白a跳先手利；现在不会马上落子，但白b，黑c，白d可以破空。但是若黑棋再花一手棋形明显重复，不肯。

那么如果黑不在▲位守角——

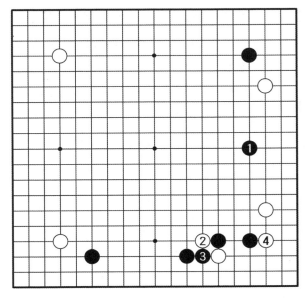

图 14

图14 黑1夹击，白2扳、4托好时机。

接下来——

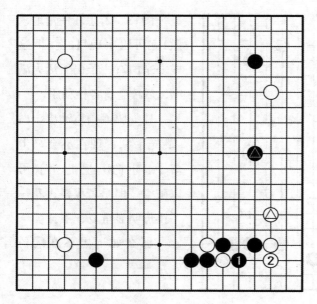

图15 黑1打吃，白2进角。可以看出白△一子位置恰到好处，黑△价值打折扣，白好。

若黑棋对本图不满意——

图 15

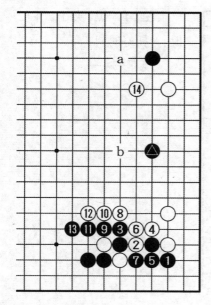

图16 黑1扳反击。因为有了黑△一子的帮助，白2、黑3交换，诱使白5打吃形成复杂变化。

但此时白4外打冷静，进行至白14跳，后续a、b两点见合。

图8中的白1、3是有力的下法。不论黑棋如何应对都可以满意而归。

图 16

后 记

感谢各位读者阅读本书。

虽然前作出版的时间不长，但是AI研究的成果日新月异，尤其是围棋理论，特别是序盘的研究令人惊叹。

本书将这些研究的最新理论和最新定式进行归纳，分享给各位读者。有些曾经被认为是常识性的定式，评价有了180度变化。而很多不会想到的下法开始频频出现，相信一定给大家带来了不小的冲击。

但是我相信这种心态不会持续很久。数年前AI登场时带来的点三三等惊人手段，如今已经变成了面对星位占角的常见下法。

所以我相信对于各位喜爱围棋的读者来说，学习本书介绍的最新手段并不是难事。重要的是要保持全局思考的视野——强大如AI尚且不能百分之百地做到这一点，我们人类只需要不断努力提升自己的水平即可。

希望本书能够成为各位读者水平提升的助力。

2022年3月

芝野虎丸

围棋死活大事典

（日）张栩 著

苏甦 译

出版日期：2024年4月

书 号：ISBN 978-7-5591-3368-7

定 价：68.00元

围棋手筋大事典

（日）山下敬吾 著

苏甦 译

出版日期：2024年 4月

书 号：ISBN 978-7-5591-3369-4

定 价：68.00元

围棋定式大事典（上卷）

（日）高尾绅路 著

苏甦 译

出版日期：2024年4月

书 号：ISBN 978-7-5591-3371-7

定 价：58.00元

围棋定式大事典（下卷）

（日）高尾绅路 著

苏甦 译

出版日期：2024年4月

书 号：ISBN 978-7-5591-3370-0

定 价：58.00元